la petite vermillon

Ces messieurs du rugby

CES MESSIEURS DU RUGBY

ANTHOLOGIE

Édition établie par Marie Boizet

La Table Ronde
26, rue de Condé, Paris 6e

editionslatableronde.fr

Cette anthologie est un hommage à tous ceux qui font le rugby tel qu'on le connaît et qu'on l'aime. Joueurs aux noms rendus célèbres par le nombre de capes au sein du XV de France, joueurs fulgurants dont les meilleurs romanciers n'auraient pu imaginer les aventures, joueurs préférés de leur public local, joueurs du dimanche, du samedi aussi, joueurs « virils mais corrects », joueurs retraités qui ressassent leurs exploits la larme à l'œil, ou encore petits joueurs rêveurs qui préparent déjà leurs matchs de quand ils seront adultes.

Un hommage aux entraîneurs au grand cœur et à leurs discours musclés, aux arbitres qui ont peut-être le métier le plus difficile du monde, aux journalistes aussi, sans qui les journaux du Sud seraient bien minces et les matchs à la télé bien ennuyeux. Quant aux supporters, que ce soient les stadistes, les canapistes, les bons élèves qui connaissent les équipes sur le bout des doigts, les anxieux qui se le mangent presque, les présents uniquement pour les rendez-vous internationaux, ou les fervents adeptes des troisièmes mi-temps, ce sont eux la véritable âme du rugby.

Les textes qui constituent cette anthologie sont tous issus du catalogue de La Table Ronde où sport et littérature ont toujours fait bon ménage depuis les premières publications d'Antoine Blondin. Véritable arbre généalogique, ces portraits de champions ou d'anonymes, parfois oubliés, composent la grande famille du rugby qui circule de village en village, de club en club, de génération en génération depuis que le ballon ovale a atterri sur le sol français.

MARIE BOIZET

Sommaire

ANTOINE BLONDIN	11, 233, 285
DANIEL HERRERO	23, 73, 147
PAUL KATZ	35, 177, 203, 227
ADOLPHE JAURÉGUY	43
HENRI GARCIA	49, 77, 139, 151, 211
GEORGES PASTRE	91, 183
DENIS LALANNE	97
ANDRÉ BONIFACE	191, 243, 271, 289
DENIS TILLINAC	257
PIERRE ALBALADEJO	265

ANTOINE BLONDIN

Ces messieurs de la famille

Le rugby, sous la complexité apparente de règles souvent paradoxales, est le sport le moins artificiel qui soit. Il ne se situe pas dans les marges de la vie ; il la prolonge, la dilate et, parfois, renvoie par contagion à l'homme tel qu'il est l'image de celui qu'il voudrait être.

À quelques exceptions près, qui vont presque toutes dans le sens d'une libération des instincts les plus abrupts par l'embrasement du jeu, le comportement sur le terrain, dans les tribunes et jusqu'au fond de ces arrière-boutiques où la ferveur fermente au ras des comptoirs, reflète en général le comportement dans l'existence quotidienne. L'homme de la rue débouche spontanément sur l'homme de la pelouse. Il est rare que le Dr Jekyll et Mr Hyde (quelle prestigieuse paire de demis) cohabitent sous le même maillot.

De même n'existe-t-il guère de véritables fanfarons de rugby. Bien qu'il tire des charmes assez abstraits d'une sorte de lyrisme géométrique, ce sport demeure éminemment figuratif, comme on dit en peinture, et constitue par là un révélateur puissant des divers échantillons de la personnalité humaine. Ce n'est pas pour rien qu'il se prête aux métaphores les plus prochaines et nourrit en retour le langage courant d'expressions exemplaires. Cet échange est éloquent. Il nous confirme que le rugby est d'abord une manière d'être où se traduit un état d'esprit : celui d'une famille innombrable, disséminée à travers le globe, dont les membres se reconnaissent à ce qu'ils ont, un jour, baigné dans la joviale et ardente communion pour laquelle quinze hommes s'assemblent à 15 heures.

Le cadet qui fourbit son enthousiasme en laçant ses premiers souliers à crampons et le retraité volubile qu'on entend pérorer sur les bancs du crépuscule ont, en fin de compte, le même Eldorado derrière la tête. On peut déchiffrer dans leurs regards le mirage commun d'une terre promise à conquérir au-delà de la ligne de but adverse, au prix de rudes croisades et de passes croisées. On en revient marqué d'un sceau où même les blessures conservent le parfum d'éternité des fleurs cueillies dans un jardin secret. Ici, ce n'est plus le jeu qui révèle l'homme, c'est la vie qui dénonce le joueur. Quand le rugby montre le bout de l'oreille, celle-ci est le plus souvent en chou-fleur. Sur les routes de la Bigorre ou du Clamorgan, il arrive qu'on rencontre, au retour des champs, des ancêtres pesants dont les bérets basques en auvent ou les casquettes à pompons abritent d'étranges protubérances. L'initié découvrira alors, d'un simple coup d'œil, que celui-ci fut un fameux pilier gauche, celui-là un pilier droit irréductible, et il aura même le loisir de les faire rimer dans son imagination en tête d'une mêlée légendaire. Plus généralement, il reconnaîtra ceux qui ont sacrifié aux cérémonies du culte à de certaines qualités morales de malice et d'honnêteté fortement colorées. Sans doute ne naît-on pas rugbyman, on le devient; mais si on l'a été, on le reste.

Il n'existe pas de joueur de rugby, prétendait cependant un connaisseur, il n'y a que des équipes. On a répété que ces quinze hommes offraient le microcosme d'une société dont toutes les fonctions se trouveraient assumées selon le tempérament de chacun. Effectivement, pour un objectif unique et dans un propos unanime, il convient que les grands sautent, les petits s'infiltrent, les lourds enfoncent, les légers s'évadent et, s'il faut de tout pour faire un monde, sur la prairie il faut du monde pour faire un tout. Les ogres posés comme des menhirs et les lutins déliés qui dansent autour d'eux tiennent à égalité leur partition dans ce concert, où l'initiative du plus fragile peut abolir un labeur de bâtisseurs de cathédrales. À la solidarité mécanique, propre aux disciplines collectives essentiellement techniques et tactiques, une équipe de rugby ajoute la dimension chaleureuse d'une solidarité organique, celle d'un corps dont aucune partie ne peut vivre par elle-même ni se retrancher des autres sans compromettre l'ensemble. Cette notion est renforcée par des phénomènes, dûment constatés, de protection mutuelle, de réactions en chaîne et de justice immanente, quand l'entité est menacée à travers un de ses éléments. Ainsi des cellules d'un organisme vivant.

Le rugby est donc aux antipodes du one man show. Il propose un art subtil de la réussite dans l'abnégation et dans l'amitié, où l'homme, réputé inachevé par essence, se complète enfin à travers les autres. La gloire qui consacre ses œuvres est, là encore, une histoire de famille. (Dans un ordre d'idées voisin, il n'est pas indifférent de constater que le rugby est un des sports où l'on pratique le plus de père en fils et où les frères pullulent sur les terrains : les Boniface, les Albaladejo, les Prat, les Camberabero, les Spanghero, les

De Grégorio, les Barrau, les Lacaze, etc.) À la fameuse époque de Jean Prat, son frère Maurice apparut à ses côtés dans la formation de Lourdes. On attendait avec curiosité les débuts du cadet. Il le comprit et se surpassa. Vers la fin de la partie, comme il quêtait une approbation de Jean, celui-ci le gifla : « Pour t'apprendre à briller. On ne fait jamais un numéro qu'aux dépens de ses camarades. »

Un semblable culte de l'impersonnalité suppose une juste distribution des tâches et qu'à chacune des vocations physiques correspondent des dispositions morales. On se plaira à considérer que celles-ci affectent les formes des trois vertus théologales : la Foi, l'Espérance, la Charité.

La Foi appartient aux avants dans leur conquête du ballon. On les voit, têtus, obtus, battre l'air à la touche avant de s'emboutir dans le paquet de la mêlée, où ils tordent de la viande comme on essore du linge, en roulant inlassablement des bras de lavandières en béton armé.

La Charité vient des demis qui transmettent la balle par un rapide calcul où l'esprit de finesse s'introduit dans l'esprit de géométrie. Eux, on les voit, par le sortilège d'un coup de reins, déployer l'éventail de leurs partenaires, comme d'une gitane qui s'évente, et cette opération, par le fait même, peut ouvrir un trou d'air vertigineux.

L'Espérance, enfin, s'attache à la course des trois-quarts (avec l'aubaine éventuelle d'un arrière intercalé) en l'honneur de qui leurs adversaires directs sonnent des hallalis. Car le plus pathétique et le plus succulent apparaissent à l'instant où le rugby démasque ce beau visage ouvert, en même temps viril et frivole, qu'il a parfois, cette allégresse concertée où les éclairs de l'improvisation zèbrent le stade pour une illumination qui annonce l'aube.

Microcosme d'une société, disions-nous d'une équipe, mais aussi petite image de la société elle-même. Au sein d'un club de rugby, on ne trouve pas ces visages plutôt uniformes et nivelés que présentent les sportifs professionnels. Ses membres émanent de tous les horizons sociaux pour s'y confondre, le temps d'une aventure privilégiée. Le médecin y côtoie l'éboueur municipal, le notaire épaule le mécanicien, le séminariste passe la balle à l'instituteur. Et ils connaissent ce miracle joyeux d'être à la fois différents et ensemble.

On sait pourtant que l'amateurisme des joueurs de rugby est fréquemment contesté. Au pire, proposons une mise au point : le professionnel est un homme qui fait du sport pour gagner de l'argent (celui-ci sanctionne la victoire) alors que l'amateur est un homme à qui l'on donne de l'argent pour qu'il fasse du sport. Une fois débarrassé de certains soucis élémentaires, il ne subsiste rien que de pur dans son dessein sportif, il ne combat plus que pour le plaisir, l'honneur, le clocher ou la patrie, en observance des canons les plus dépouillés de la tradition antique.

On aimerait pouvoir dire également (mais cela viendra peut-être) que les joueurs de rugby procèdent des quatre points cardinaux et qu'une équipe, nationale par exemple, illustre une fusion des terroirs. Il n'en est rien. Chez nous, le jeu n'a trouvé son plein accomplissement qu'au sud de la Loire. C'est d'ailleurs pour beaucoup de personnes un grand mystère que cet accord profond entre le rugby, né en 1823 du caprice d'un étudiant irlandais, nourri de bière, baigné de brumes nordiques, et les aspirations chantantes et ensoleillées de nos régions du Sud. Voyons, au contraire, que le rugby, essentiellement traditionnel, chevaleresque et généreux, satisfait au mieux des populations où les folklores sont demeurés particulièrement vivaces, où les tempéraments inclinent volontiers au légendaire et où l'exubérance ouvre la porte à la prodigalité. Ce sport est un magnifique creuset pour les passions. Il en jaillit des personnages hauts en couleur. La seule différence est que les Britanniques y deviennent pittoresques sans le savoir, tandis que les Français, au fil d'une immense veillée poursuivie d'une génération à l'autre, alimentent la chronique dorée de ce genre d'exploits et s'émerveillent à tisser une interminable chanson de geste, pleine de réalisme et de poésie, la chanson de la famille ardente et rêveuse des hommes qui ont « les pieds sur la terre et la gueule dans le firmament », comme disait M. Pascal dans *Les Coquelicots de Cardiff* de Denis Lalanne.

En revanche, au niveau du supporteur, ce cousin à la mode de Colombes, l'engouement s'est désormais épanoui sur l'ensemble du territoire. Or, je ne sais rien de plus complice et, en même temps, de plus disparate en son recrutement qu'un réseau de supporteurs ; rien de plus unanime, ni de plus partagé, à l'heure où le coup d'envoi va projeter au ciel la capricieuse lune ovale. Il est d'évidence que les barrières sociales tombent et que les clans se recomposent selon des lignes de force obscures, tant la ferveur est un bizarre aimant. L'esprit de clocher n'explique pas tout. Ce n'est pas le climat des mobilisations générales qui règne sur ces travées d'hommes et de femmes, mais celui d'un demi-secret jaloux, confus de s'avouer, avide néanmoins de se communiquer, et qui possède souvent l'opacité indéchiffrable du caprice. Qui dira pourquoi, dans cet hôtel d'un bourg breton, on attend les résultats de Mont-de-Marsan avec de tels battements de cœur, et pourquoi cette tribune alsacienne ne jure que par le Stadoceste Tarbais alors que ceux-là lui opposent un Tyrosse plus grand que nature ? Dans quels tréfonds du souvenir ou du subconscient faut-il rechercher les racines de ces partis pris qu'aucune attache ne justifie ? À quel sixième sens et de quelle nature faut-il en appeler ? De nouvelles légendes, de nouvelles représentations collectives divisent les hommes et les définissent. À travers les contrées, malgré les situations, par-delà les chapelles, on est du même côté de la barrière quand on est de la même angoisse et du même espoir. Et l'espoir, ici, est finalement suspendu au résultat final d'une partie de ballon.

Cela, qui serait au demeurant valable pour le football ou le basket, revêt une ampleur singulière en raison des dimensions qu'a prises dans la mythologie de l'époque le personnage fabuleux incarné par un joueur de rugby. Déjà, dans les années trente, courait une chanson plaisante, qui disait :

Ah ! prenez pour mari
Un joueur de rugby
Et vous aurez pour charmer vos jours
Un champion du sport et de l'amour...

De son côté, Pierre Mac Orlan pouvait écrire, dès 1922, dans *La Clique du café Brebis* : « Ces petites sentaient confusément que les jeunes hommes équipés à l'anglaise et attentifs aux coups de sifflet de l'arbitre n'étaient plus, du moins pour quatre-vingts minutes, sous le contrôle de leurs parents. Les filles, même bourgeoises, ont une inclination pour ceux qui savent atteindre à une liberté qu'elles ne désirent pas pour elles-mêmes… »

Ce qu'elles pressentaient surtout, avec ce vaste public qui fait aujourd'hui au rugby une queue de comète, c'est qu'il n'était peut-être pas mauvais que l'idéal hellénique, après avoir codifié la beauté des hommes durant tant de siècles, fût parfois relégué au vestiaire au profit d'une conception différente de la force et de la grâce. Le rugby nous suggère de regarder les statues d'un autre œil.

En même temps, il ne doit pas nous faire perdre de vue la mesure humaine des héros qu'il nous propose. Elle ne correspond pas forcément à celle que se forge l'imagination profane. Être un grand joueur de rugby, c'est aussi savoir l'oublier pour déboucher sur d'autres valeurs. Les meilleurs acquièrent dans la pratique de ce sport de contacts – dans tous les sens du terme –, qui en a fait par bonne fortune des baladins des cinq continents, une curiosité et un appétit éblouis pour les choses de l'univers.

Nous n'avons pas voulu isoler de personnalités, distinguer entre les parents, cueillir des branches dans cet arbre quasi généalogique où les morts, les vivants, les nouveau-nés se ramifient à l'infini. Une exception sera faite pour Jean Prat.

Celui que les Britanniques eux-mêmes ont baptisé naguère « Monsieur Rugby » ne l'a peut-être jamais été davantage à nos yeux que dans l'image qu'il nous offrait récemment, nous confirmant qu'un rugbyman, c'est beaucoup plus qu'un monsieur qui manipule un ballon. Nous aurions voulu précisément qu'un Anglais, un Irlandais, un Écossais, un Gallois, un Springbok, un All Black et un Australien pour faire l'appoint eussent été présents à cet après-midi de civilisation. La salle somptueuse était éclairée doucement par la patine des meubles, le haut feu dans la cheminée, le long hublot d'une baie vitrée ouverte sur les essences multiples et insoupçonnées de l'hiver. Là se tenait, avenant et méditatif, l'homme chargé de dons et d'expérience que des dirigeants incohérents ont frappé d'ostracisme. Il évoquait sans amertume, avec de vives lumières, ses tours du monde et le tour d'un monde, la trajectoire qui n'a jamais cessé de le ramener au stade de Lourdes, puisque aussi bien ce terrain occupe la prairie familiale où il menait paître les troupeaux de l'enfance. Entre les troncs dénudés des sapins on apercevait, en effet, les fûts élancés des poteaux de but. Et nous songions à Philippe II d'Espagne... Celui-ci, quand il fut atteint par la gangrène, fit installer son lit de douleur dans une cellule du palais de l'Escurial, contiguë à la chapelle. Ainsi, par une lucarne découpée au ras de l'autel, qu'il démasquait à volonté, pouvait-il suivre les offices ou faire ses dévotions. Jean Prat, lui, quand bouillonne l'ardeur des dimanches de championnat ou quand la mélancolie s'abat sur le désert des soirs, n'a qu'un rideau à écarter pour redécouvrir l'espace de verdure et le cadre de ciment où s'inscrivirent les splendeurs d'une destinée qui fut la sienne.

« Monsieur Rugby » sait alors qu'il ne sera jamais seul, parce qu'il n'est pas le *seul.*

Approchez, s'il vous plaît, ces « messieurs » de la famille.

Mes petits papiers, La Table Ronde, 2006 (*Joies du rugby*, Hachette, 1971).

DANIEL HERRERO

Webb Side Story

Tout a commencé par… une histoire sans queue ni tête. Vous avez peut-être entendu parler d'Antinea Giurghul, le grand cavalier des steppes d'Asie centrale. Il vivait au ve siècle, non loin du roi des Huns, ce barjo d'Attila. Les deux hommes ne se fréquentaient pas et n'avaient, du reste, pas grand-chose en commun. Antinea était un être majestueux et raffiné, tandis qu'Attila, ce rustre, s'ébrouait dans la paillardise.

Attila passait son temps à cheval, ce qui lui valait les plus belles jambes arquées de toute la région. Il égorgeait ses adversaires avec les dents, les dépeçait à la pierre, puis faisandait la viande en la glissant sous la selle de son fidèle canasson… Le guerrier sanguinaire possédait un quotient intellectuel rivalisant avec celui de la poule pondeuse.

Antinea Giurghul, lui, était un grand seigneur. Qui plus est, beau comme un astre ! Il figurait premier au palmarès des joueurs de *yourkijkl*, littéralement : le-cheval-fou-porteur-de-la-tête-de-l'homme-vaincu-qui-court-vers-les-arbres-décharnés-de-la-steppe-en-automne – ce jeu dont certains, dans les plaines du Kazakhstan, de Mongolie et jusqu'au Sinhiang, en Chine, prétendent aujourd'hui qu'il est le véritable ancêtre du rugby.

Le *yourkijkl*, disparu depuis mille ans, réunissait deux groupes de plusieurs centaines de cavaliers chacun, sur des terrains naturels qui pouvaient mesurer jusqu'à 100 kilomètres de long. Les cavaliers portaient tous un panier d'osier accroché à la selle de leur monture. Antinea Giurghul montait à cru, le panier directement arrimé à sa cuisse.

La rencontre s'ouvrait sur un duel entre les deux capitaines. Le vaincu avait la tête tranchée par le sabre incurvé du vainqueur. On plaçait la tête dans le panier, et le but du jeu était d'aller la porter au sommet de l'arbre le plus haut du terrain d'affrontement. Les cavaliers devaient se passer la « balle », mais tous les coups étaient permis pour les en empêcher. Si le porteur de la tête se faisait bloquer par un adversaire, il était à son tour décapité. Et le ballon prenait alors un nouveau visage : le sien!

Un jeu quelque peu rude... Mais les hommes sélectionnés pour la rencontre annuelle en tiraient une grande fierté. À la fin de la partie, qui pouvait durer un mois, les joueurs qui avaient survécu se retrouvaient pour une troisième mi-temps orgiaque. Il n'est pas raconté ce qu'ils partageaient, mais on peut l'imaginer... le ragoût de toutes les têtes tombées.

Giurghul avait toutes les qualités du grand *yourkijklast* – littéralement : l'homme-qui-enfourche-le-cheval-fou-porteur-de-la-tête-du-vaincu-qui-court-vers-les-arbres-décharnés-de-la-steppe-en-automne. Il maîtrisait parfaitement les trajectoires, l'art du cadrage-débordement et des crochets – un joueur particulièrement difficile à bloquer... Il avait la main leste et adroite et ne s'y reprenait jamais deux fois pour décapiter un adversaire. Il avait mis au point un véritable schéma tactique, avec cinq cavaliers placés en ligne à l'avant pour protéger l'attaquant. Et même en situation de grand danger, il trouvait des solutions ingénieuses... Un jour, poursuivi par une meute de cavaliers bien décidés à en finir avec lui, il réussit à les devancer jusqu'à une centaine de mètres de l'arbre sacré; là, cerné de toutes parts, il donna un grand coup de pied dans la tête qui atteignit royalement la cime de la plus haute branche! L'exploit se raconte encore dans les yourtes d'Asie centrale…

Bon, d'accord… Mon imagination s'emballe!

Tout commença en fait en 1203, dans un village du sud de la France, où Pélandron de Cascouilbajac inventa, avec une bande d'amis, un jeu qui s'appelait la soule. Pélandron était de loin le meilleur marqueur de points de toute la région. On parle encore de lui en des termes faramineusement élogieux, on raconte qu'il était plus brillant que Sella et Campese réunis. C'est vous dire!

Bon d'accord…

Un jour, un dieu et une déesse faits pour s'entendre – signes astrologiques : Apollon pour le premier, Dionysos pour la seconde – copulèrent au-dessus de l'Angleterre. Ils auraient pu attendre un peu, soigner les préliminaires, et passer à l'acte… je ne sais pas moi… au-dessus de la Provence! Non! Ils se précipitèrent et, depuis, on en subit les conséquences.

L'enfant naquit en Angleterre, au beau milieu d'une grasse prairie, à l'orée d'une petite ville sans charme particulier qui s'appelait Rugby. Les dieux commandèrent au cordonnier du coin, Mister Gilbert, une petite balle de cuir qu'il fabriqua à la va-vite. Elle n'était pas très ronde, mais l'enfant, prénommé Rugby, s'en contenta.

Le petit passa son enfance sur les gramens anglais, et l'adolescence venue, il entreprit son voyage initiatique sur les routes du monde. Il lorgnait du côté de la France où des cousins celtes auraient peut-être pu l'accueillir. Sinon il serait allé faire un tour en Aquitaine où il avait quelques amitiés.

Rugby, notre père à tous, était donc anglais… Et qu'on le veuille ou non, c'est pas facile à gérer… ni à digérer !

Bon… en vérité, l'inventeur du rugby, c'est un dénommé William Webb Ellis. Et là, aucune discussion possible, on a des preuves. C'était peut-être lui le fils des dieux, lui qui étudiait au Collège de Rugby… D'ailleurs, si on est aujourd'hui certain qu'il est *le* père du rugby, ses origines restent floues. Les Anglais, égoïstes et possessifs comme toujours, revendiquent son acte de naissance. Mais deux autres versions contredisent la théorie dominante. Du côté de la Provence, tout d'abord, on fait valoir que William repose à Menton : et s'il a choisi d'être enterré ici, n'est-ce pas parce que c'était sa terre d'adoption ? Nous, les rugbymen du pays, nous fleurissons régulièrement sa tombe, comme s'il était de la famille. L'autre hypothèse sérieuse vient d'Irlande. Le père de William était anglais, et par ailleurs soldat. Sa petite femme aurait, dit-on, accouché en Irlande où elle avait accompagné son mari en campagne. Aujourd'hui les Irlandais clament que William était irlandais ! Quel bordel ! Et je peux vous assurer que les Irlandais ne sont pas près de lâcher le morceau… Surtout si le morceau vient des Anglais !

Et c'est bien en Angleterre que se déroule l'histoire.

Le jour où le petit William décida de faire l'original, la dynastie des Hanovre était confortablement installée sur le trône d'Angleterre. La lignée des George avait servi tout le XVIIIe siècle et Victoria s'apprêtait à mettre la couronne qu'elle garderait près de soixante-dix ans. Coincée, autoritaire, orgueilleuse… on sait qu'elle marqua les esprits !

C'est pendant son règne que le rugby se développa et s'exporta. Et que la Grande-

Bretagne connut l'apogée de son hégémonie. Au XIXe siècle, les Anglais étaient partout, sur terre comme sur mer, des tables de négociation diplomatique aux bureaux d'affaires... La société anglaise, à la pointe des avancées techniques et scientifiques, fut aussi le laboratoire des premières mutations contemporaines : la révolution industrielle, qui engendra l'exode rural et les grandes concentrations urbaines. L'emploi, l'usine, la ville, l'équation agissait comme une force centripète. Des milliers, des millions d'hommes quittèrent la campagne pour la ville. Les modes de vie en furent définitivement bouleversés.

Dans cette Angleterre en pleine croissance, en pleine effervescence, le Collège de Rugby se retrouva sur le devant de la scène grâce aux idées de Sir Thomas Arnold, le *headmaster*[1] – grand précurseur de l'éducation physique, comme on le verra plus loin – et grâce à William Webb Ellis !

William était arrivé à l'école de Rugby à l'âge de onze ans. À dix-huit ans, il en connaissait par cœur les us et coutumes ! Dans une école anglaise de grande tradition où le manque de respect aux règles est une déclaration de guerre aux autorités, il fallait qu'il ait du tempérament,

1. Principal du *college*.

le minot, quand il la prit dans ses mains, cette balle !

Cette fois, nous y voilà... William accomplit ainsi le geste fondateur de toute l'histoire d'Ovalie. Un Anglais inventif *et* précurseur ! *Oh my God !*

Dans les écoles britanniques, au début du siècle dernier, on pratiquait déjà sur de très grands espaces un sport ressemblant au football. On progressait sur le terrain à grands coups de pied dans une vessie de porc de forme ronde. On pouvait prendre le ballon dans ses mains mais interdiction d'avancer avec. Un jour de *party* sur le Big Side, William accomplit le geste fatidique... Il prit la balle dans ses mains et se mit à courir avec...

Sur la plaque apposée au début du siècle sur le mur longeant le Big Side, sont gravés ces mots : « Cette pierre commémore l'exploit de William Webb Ellis qui, dans un geste magnifique, dérogea aux règles du football telles qu'elles prévalaient en son temps... » Pour qualifier le geste d'Ellis, les Anglais ont utilisé le mot *fine* qu'on peut traduire par magnifique, mais aussi par : intelligent, subtil, délicat, beau, raffiné... William avait osé courir vers l'avant et affronter le monde avec le ballon sous son bras !

L'affaire aurait dû être étouffée ! Un type qui ne respecte pas les règles !... Mais si les profs en cravate ont accepté ça, si Sir Thomas Arnold, le fameux *headmaster*, n'a pas renvoyé le gamin... c'est bien que William avait accompli une grande chose ! Il avait choisi de défier la défense adverse en s'exposant, il avait opté pour la conquête en montrant l'exemple... *Il était allé vers l'avant !* Non seulement il ne fut pas puni, mais on le félicita !

Les grands pontes de l'université de Rugby n'ont pas renvoyé William parce que son geste, malgré l'apparente – et réelle et louable et admirable ! – effronterie, reflétait parfaitement l'esprit des grandes nations du XIXe siècle, dont le chef de file était bel et bien l'Angleterre.

La conquête des territoires était à l'ordre du jour... *Leadership* oblige ! L'orgueil des dirigeants et la fierté nationale étaient constitutifs des idéologies politiques. Les grandes nations européennes affirmaient haut et fort leur volonté d'exister, leur souveraineté. De telles revendications impliquaient forcément la confrontation avec les autres et l'exercice de la domination. Impensable donc de céder une partie de son territoire. L'Occident s'est développé ainsi, dans la psychologie du face-à-face ! Ne rien céder, ne pas laisser l'adversaire rentrer dans nos positions, ne pas lui donner un soupçon d'espoir de pouvoir s'installer chez nous... Dans ces nations-là, sont grands et estimables les hommes qui évoluent et conquièrent l'espace. Mais les plus admirés sont malheureusement souvent des hommes à l'esprit hautain, prétentieux et obtus, ces fiers colons et fieffés cons, ces défenseurs maladifs de leur terre...

C'est dans ces circonstances que le rugby a grandi, en pleine époque coloniale, en plein essor industriel. On retrouve dans ce jeu d'Occident le sens de l'affrontement, du territoire, de la frontière et un certain nationalisme. Tout cela pour le meilleur et parfois pour le pire...

Bien sûr, il fallut quelque temps pour formaliser le nouveau jeu. Les premières règles furent édictées à Rugby en 1845. Les différentes *houses* d'étudiants constituaient des équipes qui alimentaient la compétition interne à l'école. On jouait alors sans arbitre, rôle que tenaient les capitaines. « Et on se débrouillait très bien sans arbitre ! » précisèrent plus tard des élèves de l'époque. En 1867, l'école disputa son premier match à l'extérieur : deux équipes de 22 joueurs s'affrontèrent. En 1876, on arrêta le nombre de joueurs à 15. Le premier match international se déroula à Édimbourg en 1871 ; sur les 22 joueurs anglais, 10 étaient d'anciens élèves de Rugby...

Quant à la balle… Elle était ronde quand William la prit dans ses bras, mais avec le jeu elle se déforma. En 1870, on ne jouait plus qu'avec un ballon ovale, et en 1890, ses dimensions devinrent officielles et obligatoires. La forme ovale n'était plus une erreur !

▮ *L'Esprit du jeu, l'Âme des peuples*, La Table Ronde, 2001.

PAUL KATZ

Conduite de Grenoble

Le secrétaire ne leva pas la tête. Il continua d'écrire demandant simplement entre ses dents :

— Qu'est-ce que c'est ?

— Etcheberry, répondit une voix pleine d'assurance.

— Qui ça ?

— Etcheberry.

Le secrétaire reposa son stylo, leva la tête.

— Etcheberry ? Le talonneur international ?

— Lui-même.

Le secrétaire bondit de sa chaise et, un sourire patelin au coin des lèvres, se frottant les mains avec onction, demanda :

— Et qu'est-ce qui vous amène, monsieur Etcheberry ?

C'était à Limoges, pendant l'Occupation. La ville grouillait de gens de passage, fuyant la zone occupée et se hâtant de descendre vers le sud.

— Je préfère vivre en zone libre, expliqua-t-il. J'ai pensé qu'il serait intéressant de venir vous voir. Peut-être pourrons-nous nous entendre ? Qu'est-ce que vous en pensez ?

« Etcheberry » était grand, blond, solide, sympathique, avec un regard loyal et vif, une poignée de main virile, celle d'un honnête homme. Il n'était pas tout à fait comme on l'avait vu sur les photos de match, mais on sait que l'action déforme parfois les visages et même les silhouettes. Surtout quand l'action se passe sur un terrain de rugby.

Il ne fallut pas plus d'une heure pour que le comité directeur de l'U.S.A. Limoges se retrouve au complet au siège du club. Quelques minutes seulement pour qu'Etcheberry soit engagé. Encore moins longtemps pour décider que la nouvelle recrue, seize fois international comme talonneur, jouerait dès dimanche, c'est-à-dire le surlendemain.

Les dirigeants limougeauds étaient radieux. Ils discutèrent longtemps de leur dernière recrue. Quelques grincheux firent bien remarquer qu'après tout, cet Etcheberry était en fin de carrière et que, s'il s'était pointé à Limoges, c'est que Vienne, son club, ne tenait pas tellement à le garder.

Mais on fit vite taire ces fâcheux. Et dans la ville, la rumeur s'amplifia, courut de rue en rue, de maison en maison.

— Dimanche, on fait jouer un nouveau. Un type terrible. Etcheberry, le talonneur de l'équipe de France !

Les supporters du club se frottaient les mains. Finis, les rageux piétinements des trois-quarts, attendant en vain un ballon que personne n'était capable de leur donner. Fini le martyre d'une équipe privée systématiquement de balle et se contentant d'essayer d'empêcher les gens d'en face de jouer. Avec Etcheberry, tout ça allait changer. Le style, le visage, les résultats de l'équipe se trouveraient radicalement modifiés, grâce au renfort de ce talent reconnu.

Le dimanche, le stade était comble. Des tribunes aux populaires, c'était une marée humaine. Hélas ! Malgré Etcheberry, Limoges prit une raclée. De plus, non seulement Etcheberry ne gagna pas une seule balle sur l'introduction du demi de mêlée adverse, mais il perdit à peu près toutes les siennes. Comme s'il n'avait jamais vu un ballon ovale de sa vie.

Au retour dans les vestiaires, l'atmosphère était tendue. Le silence se faisait pesant. Les joueurs grommelaient dans leur coin. Quant aux dirigeants, ils se regardaient, perplexes, mâchoire serrée, œil abattu, sourcil en forme de point d'interrogation.

Soudain, on entendit monter la voix d'Etcheberry. Elle se faisait accusatrice et définitive.

— Ça ne va pas. Ça ne va pas du tout. Il faut tout revoir. Tout le problème de la mêlée, de A à Z. Il y a là-dedans trop de gens qui ne font pas leur boulot. Trop de grosses têtes. Des tire-au-flanc. Il faut changer tout ça. Comment voulez-vous talonner correctement dans ces conditions ?

Comme quelques joueurs abasourdis ouvraient déjà la bouche, prêts à protester, leurs dirigeants, d'un coup d'œil appuyé, les firent taire. Car il y avait longtemps qu'à Limoges, une partie du comité directeur trouvait que l'équipe manquait de dynamisme et avait envie de la rajeunir.

Mais il aurait fallu pour cela renvoyer quelques sénateurs, et personne n'avait osé en prendre la responsabilité.

Or, voilà que les conclusions formulées tout bas par les dirigeants étaient reprises haut et fort par quelqu'un d'autre. Et par quelle autorité ! Par un international couvert de gloire, qui avait poussé la modestie et l'humilité jusqu'à tester lui-même la valeur réelle des avants de Limoges !

Faire du neuf. Bouleverser l'équipe. Lancer des joueurs dans le grand bain. Faire confiance aux jeunes talents : le rêve de la majorité des dirigeants.

C'est ce qu'on fit. Et le dimanche suivant, devant autant de spectateurs, mais un peu plus de scepticisme, Limoges pénétrait sur la pelouse d'un pas guilleret et décidé, Etcheberry en tête.

Hélas ! Le résultat fut aussi désastreux que le dimanche précédent.

Au vestiaire, il y eut des mouvements divers. On entendit même une voix s'élever et grogner « que certain va-de-la-gueule avait bien de la chance d'être tombé sur des dirigeants aussi naïfs et qu'un bon coup de botte dans le train de quelqu'un que je ne vais pas nommer, mais suivez mon regard et vous voyez qui je veux dire, serait plus efficace que tout ce cinéma ».

Seul Etcheberry, décontracté, sûr de lui, conservait sa superbe. D'un ton sec, il imposa le silence et fit cesser les murmures.

« La preuve est faite, dit-il sèchement, qu'une équipe ne se construit pas en un jour. Il ne faut pas croire aux miracles. Nous avons tout à faire. C'est seulement en refaisant cent fois, sans nous lasser, les mêmes gestes, en recommençant les combinaisons autant de fois qu'il sera nécessaire pour acquérir les automatismes indispensables, que nous obtiendrons des résultats. Le rugby est une affaire de patience, d'intelligence, de volonté, de travail, d'observation. Il y a très peu de talents innés, de révélations spontanées. Les grands joueurs, comme les grandes équipes, se sont forgés à coups de patience, de sueur, de découragement, d'échecs qui précèdent les grandes réussites. »

Ces belles paroles troublèrent jusqu'aux plus sceptiques. Sans toutefois les convaincre tout à fait. Car si la plupart des joueurs et des dirigeants commençaient à se dire que, décidément, cet Etcheberry avait pris un sacré coup de vieux, d'autres se posaient des questions plus ambiguës. La majorité pourtant, quoique ébranlée dans ses convictions, voulait encore croire en ce joueur dont les paroles avaient tant de bon sens !

C'est pourquoi on prit des décisions draconiennes. On convoqua joueurs et dirigeants pour un entraînement extraordinaire. On décida d'infliger deux heures de joug aux avants. De les faire souffrir. De les faire maigrir. De les faire gémir jusqu'à demander grâce.

Et le jeudi, les braves bourriques limougeaudes, poussant, jurant et fumant des naseaux, infligèrent au joug une poussée comme il n'en avait jamais subi.

Ça marchait. Ça marchait même drôlement. On décida de faire pousser les avants contre une mêlée formée de dirigeants et de badauds, pour étudier le problème de l'introduction.

Le demi de mêlée prit le ballon, le soupesa, le caressa, puis, d'un geste vif des poignets, le jeta entre les deux mêlées.

Et un cri d'horreur monta du terrain ! Etcheberry, le superbe Etcheberry, l'international Etcheberry, Etcheberry le stratège, Etcheberry le pédagogue, talonnait en *poussant le ballon en avant* !

Pour dissiper les derniers doutes, on fit un deuxième essai. Et « Etcheberry » candide, toujours plein de superbe, recommença à pousser le ballon dans la mêlée adverse.

Il était clair que ce gaillard-là n'avait non seulement jamais touché un ballon ovale de sa vie, mais encore qu'il n'avait pas dû assister à beaucoup de matches de rugby.

Pour éviter le scandale et les réflexions goguenardes qui auraient éclaboussé pas mal de dirigeants, on accompagna illico « Etcheberry » à la gare. On lui prit un billet pour Grenoble, parce que le premier train en partance allait à Grenoble. Et on ne le quitta des yeux que lorsque le convoi démarra.

Nul n'a jamais su qui était cet astucieux coquin, ni ce qu'il était devenu.

Personne, d'ailleurs, ne s'en soucia vraiment. On préféra l'oublier vite vite!

▮ *Sacrées Bourriques! Les gladiateurs du rugby*, La Table Ronde, 2007 (Calmann-Lévy, 1970).

ADOLPHE JAURÉGUY

Papillons noirs

La vie ne m'a pas épargné. J'ai dû subir des deuils cruels : mon père, ma mère, mes deux frères sont morts. Le cher Ostabat de mon enfance est devenu un cimetière.

La guerre m'a pris des amis. Je me promène parmi des ombres bien-aimées comme la plupart des hommes de mon âge. J'ai retrouvé, il y a quelques jours, dans le grenier de ma maison du Pays basque, parmi des jouets d'autrefois, le ballon qui ressemblait à un gros champignon noir, quand mon frère m'en fit cadeau, le jour de la mort du vieux Gazcoïna. Mes yeux se sont mouillés en contemplant ce pauvre ami, abîmé par les rats, le temps et la poussière.

J'avoue que je l'ai embrassé et je sais qu'il est puéril d'embrasser du cuir et du caoutchouc malpropres. Je sais qu'il est ridicule de sacrifier, comme je l'ai fait, beaucoup de temps à un jeu que les hommes graves trouvent enfantin et brutal. Mais les occupations des hommes graves sont aussi vaines, si elles ne sont pas toujours inoffensives. Chaque âge a ses plaisirs décevants et l'homme vertueux et sage n'est occupé que de mensonges émouvants et de chimères amusantes.

Mon cher rugby, tu m'as aidé à me consoler et tu m'as fait comprendre que la vie est un jeu brutal : il est chic, sinon habile, de le jouer selon les règles du « fair-play ».

Petit livre de ma jeunesse, avant de te dire adieu, je me recueille et je songe à l'un de mes amis les plus chers, mort à vingt ans. C'était un poète et il adorait le rugby.

Le plus fantaisiste, le plus amusant des copains. Vif comme la poudre, capricieux, jovial, et la larme à l'œil pour un rien, comme un ivrogne : un vrai poète cent pour cent.

Dans le train qui nous emportait nous étions dix-sept : quinze joueurs, le masseur de l'équipe et Moune, la grande amie de Jacques, poète et rugbyman.

Moune ne ressemblait pas à Mouche, l'amie de Maupassant et des compagnons de sa jeunesse folle, maniant le gouvernail du canot, tandis qu'ils tenaient l'aviron et couchant avec toute la bande, à l'insu de son favori. Moune adorait

Jacques, elle n'avait d'yeux que pour lui. Il l'aimait passionnément.

Les voyages de notre jeunesse! Cette nuit-là, venant de Paris, nous descendions sur Bordeaux, où nous devions changer de train. Allions-nous jouer à La Rochelle ou à La Roche-sur-Yon? Peu importe, mais quelle gaieté, quelle folie! Nous faisions trembler le wagon, à force de chanter et de rire.

Nous finîmes par nous endormir. Je m'étais étendu dans le filet et j'avais entortillé mes jambes dans des journaux, car le chauffage des trains, en ce temps-là…

Soudain, je me réveille en flammes : un loustic s'était amusé à mettre le feu aux journaux! Aucun mal, mais quelle peur! Quant au pantalon, il était perdu.

Il me tardait d'arriver à Bordeaux, afin d'en acheter un autre. À peine dans la gare Saint-Jean :

— Moune, demandai-je, voulez-vous m'accompagner? Vous m'aiderez à choisir au premier magasin venu. Moi, vous savez, le drap et la toilette, ce n'est pas mon fort.

— Je veux bien, répondit-elle. Jacques, cela ne t'ennuie pas que j'accompagne Adolphe?

— Mais non, mais non, dit Jacques.

Nous voilà partis. Il nous fallut attendre l'ouverture des magasins et l'essayage prit du temps.

Quand nous revînmes, le train des copains venait de partir.

Une heure après, nous prîmes donc l'omnibus.

Mais les farceurs avaient trouvé spirituel de persuader le pauvre Jacques qu'il s'agissait d'un coup monté, le coup classique de la culotte :

— Comme tu es naïf ! Tu ne vois donc pas qu'ils vont finir la nuit ensemble !...

Moune eut toutes les peines du monde pour apaiser son ami qui parlait de nous tuer tous.

Quelques mois après, le malheureux garçon qui vivait en poète, et non au compte-goutte, tomba gravement malade.

J'accourus à son chevet. Pleurésie double, grosse fièvre, délire. Le médecin me prit à part, regarda du côté de Moune et murmura :

— Restez un moment : je vais la faire sortir pour la préparer à l'affreuse chose. Il n'y a plus d'espoir.

L'instant d'après, Jacques me reconnut :

— Avez-vous gagné, dimanche ?...

— Oui, répondis-je, en riant de mon mieux.

— Raconte un peu, demanda-t-il, et il me prit la main.

Il pouvait à peine parler.

J'imaginai une partie formidable, avec des exploits du tonnerre volant, des gasconnades, des galéjades, toute la lyre!...

Et mon ami ne vit pas venir la grande nuit, car il souriait à mes mensonges, et il s'en alla doucement, dans un rêve heureux de rugby.

Qui veut jouer avec moi?, La Table Ronde, 2007 (Corrêa, 1939).

HENRI GARCIA

Le vicaire du rugby

Depuis quarante ans, l'abbé Pistre est l'enfant terrible du clergé français. Certains prélats réprouvent sa verve, son franc-parler, sa popularité, mais à l'archevêché d'Albi, on le tient pour un des meilleurs défenseurs de la foi catholique, apostolique et romaine. Dans tout le département du Tarn et ses environs, c'est en tout cas l'unanimité : « L'abbé est un type formidable! Si l'Église n'avait que des gars de sa trempe, il y aurait autant de monde à confesse qu'au rugby… » Autant dire que l'on ferait chapelle comble. Mais en vérité, je vous le dis, l'abbé Pistre n'est pas un curé ordinaire, c'est le vicaire du rugby.

Tout petit déjà, ce n'était pas un enfant de chœur au sens large du terme, c'est-à-dire que, même au temps où il servait la messe dans sa bonne ville de Mazamet, il n'avait pas pour habitude de se laisser marcher sur les pieds avec le sourire béat de remerciement, propre aux créatures angéliques. À un coup de poing, il répliquait par un coup de pied au cul qui trahissait déjà un botteur de talent.

Mais la foi toucha très jeune Henri Pistre. Des missionnaires revenant d'évangéliser des peuplades primitives d'Océanie vinrent prêcher en 1912 à Mazamet à l'occasion des fêtes de Pâques. Le petit Henri, qui avait alors douze ans, en fut si bouleversé qu'il manifesta aussitôt aux prêtres de la mission son désir de suivre leur voie. Il parlait avec une grande chaleur et une telle maturité d'esprit que le dimanche suivant, à la place de leur sermon habituel, les missionnaires annoncèrent qu'ils allaient laisser la chaire à un prédicateur bien plus grand qu'eux.

Et les braves gens de Mazamet virent, avec stupéfaction, monter un gosse sur l'estrade, sans le moindre soupçon d'appréhension, et commencer par leur dire avec un aplomb du diable :

— Mes bien chers frères…

Henri était l'aîné d'une nombreuse famille, peu fortunée. Le curé de Mazamet se chargea de son éducation, le fit entrer au petit, puis au grand séminaire d'Albi. Juste après son ordination, l'abbé Pistre eut d'ailleurs la grande joie de baptiser son dernier frère de vingt-trois ans son cadet. N'était-ce pas de magnifiques débuts ecclésiastiques ?

Mais n'anticipons point. Revenons au lendemain de la Première Guerre mondiale au grand séminaire d'Albi où Henri Pistre poursuivait ses études.

Après cette première conflagration, tous les jeunes s'adonnaient passionnément au sport. Henri Pistre, un grand gaillard bien planté, était, comme on le devine, un sportif convaincu. Ses préférences allaient à l'athlétisme et plus particulièrement au sprint et au saut en hauteur mais, comme le supérieur interdisait aux séminaristes de faire du sport sans soutane Henri Pistre ne put franchir que 1 mètre 50, ce qui était remarquable dans de telles conditions. Il dut d'ailleurs attendre d'être appelé sous les drapeaux, pour affirmer sa valeur sportive. C'est ainsi qu'en espadrilles et en culotte courte, il passa 1 mètre 65 dans un style rudimentaire. Le capitaine Fabre du 15e régiment d'infanterie ne manqua pas de remarquer cet athlète très doué et le décida à signer au Sporting Club Albigeois pour y pratiquer l'athlétisme et aussi le rugby. Il débuta en équipe réserve contre Villemur, d'abord trois-quarts aile puis, au fur et à mesure des blessures, le « curé » monta à l'ouverture et termina troisième ligne.

Sachant que sa carrière sportive allait se limiter à la simple durée de son service militaire, Henri Pistre ne ménagea point ses efforts. Dans les luttes obscures du paquet, il ne rechignait pas à la besogne et il découvrit que le rugby s'accommodait merveilleusement des textes des Saints Évangiles, car au cœur d'une mêlée également « il vaut toujours mieux donner que recevoir ». Il y avait trois semaines qu'il pratiquait le rugby quand Marcet, capitaine du S.C. Albi, ayant eu des défections dans son équipe, déclara :

— Dimanche contre Limoges, je prends le curé deuxième ligne...

Tout le monde crut que le brave Marcet devait souffrir de quelque traumatisme crânien, mais notre abbé « distribua le pain béni » aussi gaillardement qu'un autre. À son retour, il était consacré équipier premier en troisième ligne de l'illustre équipe d'Albi riche alors de ses fameuses vedettes : les Marcet, Vaysse, C.A. Gonnet, Nachat, Llary, Dupouy, Beteille futur puciste, etc.

Les soldats de l'équipe se hâtaient de reprendre l'habit civil pour aller jouer avec les copains ; le curé estimait, au contraire, qu'il était préférable de rester en militaire car sa tenue civile était la soutane, par trop voyante. Malgré sa tenue guerrière, l'abbé était une véritable providence pour le S.C. Albi.

Un jour à Béziers, où l'abbé avait fait feu des quatre fers, le grand international Moureu dit à Vaysse :

— Dis donc, qu'est-ce que c'est que ce pèlerin que tu as fait jouer en troisième ligne?

— Celui-là, vous n'en avez pas un pareil à l'A.S.B., c'est un curé!

— Dis donc, Vaysse, ne te fous pas de ma gueule!

— Mais c'est la vérité. Té, six bouteilles de champagne que c'en est un.

— Tenu!

Moureu perdit, mais les copains de l'abbé découvrirent là une méthode originale de boire à l'œil, jusqu'au jour où tout le monde connut l'abbé Pistre de réputation.

L'un des exploits les plus fameux du curé fut réalisé à Albi au mois de juin 1922. Ce jour-là était organisé un challenge d'athlétisme auquel prenaient part le S.C. Albi et quelques petits clubs des environs. Encouragé par ses amis, le curé accepta de s'engager, à titre d'individuel, et de disputer, seul, toutes les épreuves! Ainsi le vit-on participer tour à tour au 100 mètres, au 110 mètres haies, au lancement du poids, au saut en hauteur, au lancement du disque, au saut en longueur… et au relais 4 × 100 mètres où, courant seul contre quatre adversaires, il termina deuxième derrière le S.C. Albi !

Un gueuleton monstre marqua cet exploit athlétique, mais le curé mangea de faible appétit, tant il tombait de fatigue.

À la fin de l'été, son service militaire étant terminé, le curé décida d'abandonner le sport actif.

La saison albigeoise de rugby allait débuter par un double événement : l'inauguration du monument aux morts et la venue de la glorieuse U.S. Perpignan. L'abbé Pistre s'était donc rendu au stade où il attendait tranquillement dans les tribunes le match que ses amis albigeois devaient livrer aux fameux Catalans. Le président Joly vint le trouver :

— Dis donc l'abbé, tu ne peux pas nous laisser tomber un jour pareil, tu dois jouer une fois encore.

— Mais je n'ai pas d'équipement pour jouer…

— Ça ne fait rien, nous allons t'en procurer un.

Et c'est ainsi que le coup d'envoi fut retardé d'un quart d'heure, le temps de trouver à l'abbé une solide paire de godasses, un short adéquat et de la bande velpeau car il avait les chevilles sensibles. Lorsque notre curé-rugbyman fut harnaché, les opérations purent commencer.

Ce fut, selon l'expression consacrée, « viril mais correct ». Le curé et son vis-à-vis, l'international Fernand Vaquer, se tirèrent une formidable partie de bourre, qui marqua le départ d'une amitié assise désormais sur quarante ans d'existence et de dévouement à la cause du rugby.

Tout le Sporting, au repas du soir, sentit qu'il allait perdre une précieuse camaraderie, lorsque le curé, qui pendant deux ans avait été le boute-en-train du club, leur dit au dessert :

— Mes amis, j'ai passé parmi vous des heures inoubliables. Vous m'avez appris ce que pouvait être l'amitié, la fraternité, l'amour de son prochain. Croyez bien que je m'en souviendrai toute ma vie. Maintenant nous allons disputer des matches différents. Je vous souhaite de continuer sur la route glorieuse où vous êtes engagés. Quant à moi, je vais essayer de porter le ballon au milieu des poteaux de la sainteté.

Les copains essayèrent bien de le retenir :

— Ne pars pas, reste avec nous, on va te trouver une situation…

— Ce n'est pas la peine, j'en ai une toute trouvée.

Henri Pistre reprit donc sa place au grand séminaire d'Albi. Le 23 décembre 1923 il fut ordonné prêtre. Tous les copains du Sporting étaient présents. À la fin de la cérémonie, une délégation conduite par Vaysse, Nachat et Lamazouère se présenta à l'abbé Pistre. Vaysse, qui tenait un paquet sous le bras, dit à l'abbé d'une voix sourde qui trahissait son émotion :

— Chez nous, lorsque quelqu'un se marie on lui fait un cadeau. Pour toi aujourd'hui, c'est comme un mariage... alors nous t'offrons ceci.

L'abbé défit le paquet. Dans la cape jaune et noir du Sporting Club Albigeois, il y avait douze couverts en argent massif. Le curé ne trouva point de mots pour remercier, il dégrafa simplement le haut de sa soutane et ses copains virent qu'il portait, en guise de chemise, un vieux maillot délavé du S.C.A.

***

L'abbé Pistre fut bientôt nommé à Cordes-sur-Tarn la plus charmante petite ville du département, mais aussi la plus anticléricale de la région. L'église restait aux trois quarts vide et le patronage ne marchait pas fort. Le premier jeudi il n'eut qu'une poignée de garnements, les autres gamins du pays étant partis dans la campagne braconner, dénicher des oiseaux ou tirer au lance-pierres sur les corbeaux.

Pour distraire la demi-douzaine de gosses restés fidèles au patronage, l'abbé ne trouva qu'un moyen : il sortit de ses bagages un vieux ballon de rugby et les amena sur le pré voisin.

Le soir même, la nouvelle se répandit comme une traînée de poudre :

— Le curé est formidable, il joue au « rubi » et il est costaud…

Le jeudi suivant, l'abbé Pistre formait deux équipes.

Ayant exprimé le désir de se rapprocher de Mazamet, sa ville natale, l'archevêché le nomma vicaire de Saint-Jacques à Castres. Aimé de toute la population laborieuse des rives de l'Agoût, l'abbé était un parfait berger qui savait, mieux que quiconque, faire rentrer dans le troupeau les brebis égarées. Mais, non content d'être l'entraîneur des âmes, il accepta d'être aussi l'entraîneur de l'équipe première du Castres Olympique, dont la carrière en ces années trente n'était pas florissante. C'est M. Llech, président du C.O., accompagné de ses adjoints, MM. Baleste et Pagès, qui présenta la requête. Qui le décida à accepter ? Son amour du rugby ou le fait que le Castres Olympique arborait le bleu ciel et le blanc, couleurs de la Vierge Marie ? Quoi qu'il en fût, ce troupeau de béliers difficiles à manier entra dans sa bergerie. Le soir, au manège de cavalerie de la caserne, à la lueur de chiches lumignons, l'abbé, en soutane, leur enseigna l'art de la passe, du drible, de la touche, de la poussée, du plaquage.

L'abbé fit ainsi l'union sacrée, tira le C.O. d'un mauvais pas et s'il abandonna par la suite la direction de l'entraînement, il resta l'un des membres les plus influents du club tarnais. C'est en tout cas à dater de cette époque qu'il concilia les obligations de son saint ministère, avec les exigences du rugby.

Lorsqu'il était vicaire à Castres, il commençait les vêpres à 2 heures de l'après-midi, celles-ci duraient rarement plus d'une mi-temps de rugby, soit quarante minutes, car l'abbé n'a jamais traîné en chemin. Le temps d'ôter son surplis et, derrière la sacristie il enfourchait un vieux vélo pour gagner à toutes pédales le Parc Olympique aux antiques tribunes de bois juste avant le coup d'envoi.

Devenu curé du petit village de Noailhac à une dizaine de kilomètres de Castres, sa tâche se compliqua. Ses paroissiens étaient peu nombreux puisqu'il y avait tout juste six cents habitants. Toute la population valide descendant à Castres lorsque le C.O. recevait, il n'eût compté à ses vêpres que quelques grenouilles de bénitier. Pour lutter contre la concurrence, il avança ses vêpres à 1 heure et demie. L'on dit même que la pendule ne retardait jamais, bien au contraire. Et la population de Noailhac vint aux vêpres plus tôt, mais avec plus d'assiduité que dans les autres paroisses. Il est vrai aussi que l'on y joignit l'utile à l'agréable, puisque ceux qui n'étaient pas motorisés y trouvaient un automobiliste charitable pour les amener au rugby.

Pour l'abbé, qui avait passé l'âge d'enfourcher son antique vélo, il y avait régulièrement un ami qui l'attendait devant l'église. Ainsi continua-t-il à ne manquer ni ses vêpres ni son rugby. Afin qu'il fût à l'heure à ce dernier, les gendarmes poussaient même la complaisance jusqu'à arrêter la circulation dès qu'ils voyaient au loin la voiture de l'abbé. Mais les choses se compliquèrent.

Sous l'impulsion de Pierre Maffre, le Castres Olympique s'étoffa, s'il est permis de s'exprimer ainsi pour ce club de tisserands... Matheu, Siman, Chanfreau, Larzabal et Cie vinrent renforcer les rangs du club castrais dont l'étoile se mit à briller du plus vif éclat. En ce printemps 1949, le C.O. vola de succès en succès pour atteindre la grande finale le 15 mai à Toulouse contre le Stade Montois. Ce jour-là, afin que les vaillantes populations tarnaises pussent assister au couronnement du Castres Olympique sans manquer à leurs devoirs de chrétiens, les vêpres suivirent immédiatement la grand-messe du matin. Il en fut de même le dimanche suivant, non point que l'abbé Pistre eût pris une coupable habitude, mais parce que les deux équipes, n'ayant pu se départager le 15 mai, il fallut rejouer le 22, pour assister enfin au triomphe du Castres Olympique.

L'année suivante le C.O. fut encore sacré champion de France. Puis vint la longue pénitence, avec une flambée d'espérance en 1956 où Castres fut éliminé, de justesse, en demi-finale par Dax. Et voilà dix ans que les braves gens de Noailhac sont prêts à entendre les vêpres avant matines, pour aller voir Castres en finale au Stadium de Toulouse…

En tout cas, si cet honneur ne revint pas plus vite aux riverains de l'Agoût, ce ne fut pas la faute de l'abbé Pistre, grand chantre du rugby français et défenseur de la veuve, de l'orphelin et du Castres Olympique.

Les Britanniques menaçant de rompre leurs relations avec la France, à cause du championnat français dont ils n'appréciaient point certains excès, notre abbé s'insurgea contre un tel divorce qui eût ressemblé à une excommunication. Le

Miroir des Sports lui demanda de lancer un appel aux dirigeants d'outre-Manche et l'abbé, d'une plume apostolique, française et acérée, prêcha pour la grande paroisse du rugby français.

Cette épître eut un grand retentissement chez nos amis britanniques et contribua à faire renaître leur confiance.

L'abbé n'avait pourtant pas manié l'encensoir. Il écrivait sous le titre : « Le coq gaulois n'a pas à baisser la tête » :

« Depuis un demi-siècle le Championnat fait partie de notre vie, il nous a pris aux entrailles. Cette compétition peut seule d'ailleurs permettre de faire vivre nos clubs, surtout lorsque, autour de l'équipe de rugby, gravitent de nombreuses sections vaillantes mais pauvres. Oui, le rugby de France veut le Championnat, mais il ne veut plus des luttes déloyales et sans panache.

» Il sait, amis britanniques, que vous le regardez. Il veut rester en contact étroit et fraternel avec vous. Il y a tant de souvenirs communs entre nous ; je ne parle que du plan sportif. Vous êtes venus si souvent dans nos villes de province. Vous avez entrevu nos difficultés et notre bonne volonté. Nous voulons avoir l'honneur et la joie de vous rencontrer encore dans ces batailles internationales qui ont permis à vos élèves de vous imiter, sinon de vous égaler. »

Ses dons épistolaires, l'abbé Pistre les exerçait régulièrement depuis 1932 dans le *Courrier Sportif* du Tarn. Au début, n'osant pas révéler son identité, il signait simplement le « Grincheux » et il faut dire que personne ne soupçonnait que l'auteur de ces écrits pleins d'humour fût l'abbé, car celui-ci donnait le change en parlant de son épouse Virginie.

Il disait ainsi d'un match Castres-Foix :

« Allez C.O. ! Vous avez du jus de rave dans les veines ! Où est "lou sang dal pépi". Flac ! Un autre essai de Foix… Ma femme se trouve mal ! »

Peu après, le Grincheux faisait place à l'abbé Pistre et les lecteurs ne perdirent rien au change. Au contraire, l'abbé, libéré des scrupules de l'anonymat, distribua quelques coups de goupillon qui firent mal à certains derrière les oreilles. C'est ainsi que le grand Jules Cadenat ayant parlé du Castres Olympique en termes peu charitables et s'attaquant violemment au jeune président castrais Me Gabarrou qu'il traitait de Me Bagarrou, l'abbé mit le terrible Jules au pilori dans un article cinglant qu'il terminait par cette phrase superbe : « Tes dents ne sont pas assez longues, ô Jules ! pour arracher, du Bouclier de Brennus, le nom deux fois gravé du Castres Olympique ! »

Jules se mit en colère un bon coup, blasphéma comme un hérétique, puis il invita l'abbé à partager le pain et le vin d'un cru spécial surnommé le « Cadenatbezef », pour sa puissance digne du grand tribun biterrois.

Depuis, Jules et l'abbé sont les meilleurs amis de la chrétienté ; il faut dire que le grand Jules ne manque pas une messe, pas plus que l'abbé ne rate un match de rugby.

Le curé de Noailhac eut bientôt besoin de la solidarité du président biterrois. Après un fameux match Narbonne-Castres du 14 décembre 1952 l'abbé trouva l'arbitre M. Georges Rives, bien mauvais. Qu'il le pensât, c'était son droit, qu'il le dît, cela passait encore, mais il l'écrivit en des termes pour le moins énergiques. Que l'on en juge :

> « … Il joignit à ce bagage, relevé d'un parfum subtil, le minuscule olifant avec lequel il guidait dominicalement les ébats des chevaliers. Las ! il oublia le petit face-à-main qu'on appelle lunettes et qui était cependant indispensable pour soutenir une vue troublée et

faiblissante. La suite de l'histoire montrera les tristes conséquences de cet oubli…

» … En une hostellerie accueillante de la grande cité de Septimanie, il refit des forces entamées par le long voyage et l'œil vif, la joue rose, le pas assuré, il se dirigea vers le champ du tournoi qu'on appelle stade…

» … Il écoutait monter vers lui les cris de la foule : "Filou, fripon, escarpe, tire-laine. Ce soir, on te pendra aux lanternes de la cité ! Tu ne nous échapperas pas dans les quadrivies et les platées narbonnaises… Donne-nous la victoire ou c'est la mort !"

» Sous cette averse terrifiante, le sonneur d'olifant perdait de sa superbe. Ce front altier s'abaissait à toucher terre. On aurait dit que le pétulant Provençal cherchait pâquerettes et boutons d'or dans ce cloaque de décembre…

» … Son cerveau était aussi vide que la bourse d'un capucin…

» … *P.-S.* Jusqu'ici j'ai défendu avec obstination les arbitres. Je les ai défendus quand ils étaient borgnes, poussifs, maladroits, malheureux et même partiaux. Je ne pourrai plus le faire s'ils se mettent à être bêtes. »

Georges Rives prit assez mal la chose. Il attaqua l'abbé Pistre en diffamation. Les amis de ce dernier prirent à leur charge les frais du procès.

L'affaire passa en correctionnelle à Castres le 13 mai 1953. L'abbé fut blanchi et M. Rives condamné aux dépens. Mais celui-ci ne s'avoua pas vaincu, il fit appel. Le procès revint à Toulouse où il fut jugé le 23 décembre de la même année et, là encore, la cour d'appel estima qu'il n'y avait point diffamation.

— Je crois bien que les attendus étaient plus diffamatoires que mes écrits, affirma l'abbé.

Le tribunal toulousain condamnait M. Rives aux dépens après avoir décrété :

> « Attendu que :
>
> » … les extraits visés s'analysent en une critique assez sévère de l'arbitre du match…
>
> » … qu'ainsi, et particulièrement la phrase relative à l'oubli du face-à-main, etc., est loin de contenir une atteinte à l'honneur de l'arbitre ainsi visé, en ce qu'il ne se serait point rendu compte de toutes les péripéties de la partie…
>
> » … qu'il n'y a ni diffamation ni injure à écrire de l'arbitre que "son cerveau était aussi vide que la bourse d'un capucin" mais égra-

tignures sur les capacités intellectuelles de la personne visée... »

L'abbé Pistre gagnait encore et un fameux festin réunit à Castres la centaine de membres du comité de défense de l'abbé Pistre, pour célébrer cette victoire, en même temps que la naissance du Sauveur car nous étions à l'avant-veille de Noël.

Georges Rives, ayant perdu les deux premières manches, ne renonça pas. Il signa un pourvoi en cassation. Le 15 décembre 1954, la Cour de cassation renvoya le procès devant le tribunal de Nîmes qui jugea l'affaire le 12 mai 1955. Le verdict fut rendu le 1er juillet 1955. Cette fin de match était fatale à l'abbé qui était condamné à verser vingt mille francs de dommages et intérêts à M. Rives, car ce tribunal estima que le fait d'écrire sur un arbitre qu'il avait oublié son face-à-main, ou que son cerveau était aussi vide que la bourse d'un capucin, était diffamatoire.

Le comité de défense de l'abbé Pistre versa l'argent et se consola de cet échec en organisant un nouveau gueuleton aussi imposant que ceux qui marquèrent les deux premières victoires remportées sur Georges Rives à Castres et à Toulouse.

Mais les décisions du tribunal des hommes ne sauraient en rien troubler la sérénité de l'avocat de Dieu. L'abbé trouva même sa popularité renforcée par son procès. Sa grande force vient de ce qu'il sait partager les joies et les peines de ses paroissiens comme s'ils étaient tous ses enfants.

— L'abbé, c'est un type formidable, disent ses amis du rugby. Il fait plus d'adeptes en buvant un coup de rouge et en fumant une gauloise, que d'autres qui fréquentent les salons mondains et bien-pensants.

Un jour il se trouva avec M. Ricard, le patron de la marque de pastis bien connue, qui soutenait le rugby à treize. Comme les deux hommes allaient trinquer à la santé du rugby en général, M. Ricard arrêta tout à coup l'abbé :

— Vous n'allez tout de même pas boire ce pastis hérétique ?

— Ne vous en faites pas, cher monsieur Ricard, lorsque je l'aurai avalé, il aura une sépulture ecclésiastique.

Peu après, M. Ricard invitait l'abbé Pistre à se rendre à Rome où ils furent tous deux reçus par le pape. Il paraît même que c'est depuis ce voyage que M. Ricard s'est converti au rugby orthodoxe.

* * *

Passant son temps à vouloir enseigner à ses ouailles l'amour du prochain... et du rugby, car il est, entre autres, membre de la Commission de propagande de la Fédération française de rugby, l'abbé Pistre se soucie assez peu des contingences matérielles. Une soutane lui dure bien deux ans et sa sœur Alice est pour lui une excellente gouvernante (tous ceux qui ont été invités au presbytère de Noailhac sont unanimes à vanter sa façon d'accommoder le foie d'oie aux raisins). Les ennuis commencèrent lorsque le brave Henri Barthès dit l'Henricou fêta ses soixante-dix ans.

Il ne faudrait pas croire que cet anniversaire ait apporté quelque maléfice avec lui, mais à partir de cette date, l'Henricou, carillonneur à l'église de Noailhac comme l'étaient son père et son grand-père, estima qu'il était trop vieux pour grimper dans le clocher sonner l'angélus, les glas ou les grands-messes.

—Trop vieux maintenant, disait-il à l'abbé. Faudrait m'trouver un remplaçant. Mes vieilles guiboles elles n'peuvent plus me porter...

Remplacer l'Henricou? D'accord, mais par qui? Il n'avait pas de descendance pour perpétuer la tradition et il n'y avait personne qui voulait, dans le village, prendre la succession, d'autant plus que le clocher menaçait ruine et qu'un jour les cloches, le sonneur, les escaliers et tout le fourbi dévaleraient jusque dans l'église.

L'abbé réfléchit longtemps à cet épineux problème. Puisque, à l'ère de la bombe atomique, il n'y avait personne pour faire sonner les cloches, il fallait qu'elles sonnent toutes seules avec un système électrique. Ce n'était pas une mauvaise idée… Oui, mais voilà, une sonnerie électrique ça coûtait cher et Noailhac, avec ses six cents âmes, n'avait pas beaucoup de ressources. Il en était là de ses réflexions, lorsqu'il eut l'inspiration suivante : puisqu'il était considéré comme le vicaire de tout le rugby, pourquoi ne pas s'adresser à la grande paroisse d'Ovalie où il comptait tant d'amis ? Il envoya donc à tous ses amis du rugby la lettre suivante :

« Cher ami,

» À l'abri de ces deux mots, je me sens un peu plus de courage pour frapper à votre porte.

» L'abbé a brusquement de sérieux soucis. Son clocher a besoin de réparations, et la difficulté de trouver un carillonneur l'oblige à envisager l'équipement électrique des cloches. Cela représente un effort qui dépasse les possibilités de sa petite paroisse. Ai-je eu tort de penser que c'était l'heure de l'amitié?

» Très simplement, je vous demande, chers amis épars sur les routes de France, de vous considérer un peu comme des paroissiens de Noailhac, et de participer à la résurrection de mon modeste carillon.

» Au soir de ma vie, ma grande joie sera d'écouter la voix de mes cloches, m'apportant un chant émouvant d'amitié. Je retrouverai ainsi tous les chers souvenirs de ma vie errante, et je reverrai bien des visages amis. J'attends avec confiance la réponse de ma grande paroisse d'amitié. Je vous dis d'avance ma profonde gratitude et vous assure de mes ferventes prières.

» *À Noailhac, le 6 juin 1961.*
» HENRI PISTRE,
» curé de Noailhac (Tarn). »

L'opération S.O.S. Noailhac était lancée. De partout, des concours arrivèrent. Chaque matin, le facteur apportait de nombreux mandats qui prouvaient au brave curé, à ce rude troisième ligne du Sporting Club Albigeois, qu'il avait su gagner bien des cœurs, que l'on aurait pu croire hermétiques. Du Tour de France, le chanteur André Dassary, qui fut demi de mêlée au Biarritz Olympique et au Bordeaux Étudiants Club avant de devenir un des rois de l'opérette, lui télégraphia : « Ne t'en fais pas l'abbé, les artistes viendront sauver tes cloches ! » Des dons affluèrent des quatre coins de France. Il put bientôt envisager non seulement de mettre une sonnerie électrique à ses vieilles et bonnes cloches, mais encore de refaire la toiture et les escaliers et d'installer le chauffage dans la maison de Dieu.

Et puis, un matin, il reçut une lettre de Marseille avec un chèque de vingt mille francs et ces simples mots :

« Sans rancune… Georges Rives. »

Depuis lors, en entendant les cloches de Noailhac sonner, toutes seules pour alerter les fidèles de Dieu et de l'ovale, l'abbé Pistre se dit : « Sainte Vierge, que c'est beau le rugby ! »

▮ *Les Contes du rugby*, La Table Ronde, 1961.

DANIEL HERRERO

Le samedi soir, la lune est ovale

J'avais six ans, et les nuits de toutes les lunes me donnaient rendez-vous avec l'angoisse. Nous habitions au premier étage d'un vieil immeuble miraculeusement rescapé des bombardements, dans une ruelle sombre, bordée de platanes.

Vers 9 heures, ma mère fermait les volets, et le grincement du bois sonnait le tocsin des fantômes embusqués. Elle éteignait la lumière de ma chambre, et c'est alors que les monstres sortaient et prenaient possession de la pièce. Ils pointaient leur nez à travers les rideaux, surgissaient de l'armoire où ils avaient fait la sieste, quittaient la vieille commode où ils prenaient un malin plaisir à comploter.

Il y avait la famille des loups au museau poilu, couvert de pustules. Celle des monstres mutants, que la lumière furtive et blême du réverbère transformait. Du recoin de la pièce où penchait le vieux portemanteau, des sorcières aux têtes enturbannées m'observaient en ricanant. Dans ma chambre se tenait un sabbat hideux, qui ne se dispersait qu'avec l'arrivée tardive du sommeil.

Toutes les nuits se ressemblaient, sauf une… celle du samedi au dimanche. La veille des matches de rugby. Cette nuit-là, les monstres ne sortaient pas. Cette nuit-là, je n'avais pas peur. J'aurais pu dormir la fenêtre ouverte, avec le hibou sur le balcon, les chauves-souris suspendues au-dessus de ma tête. Je ne craignais rien ni personne. Anéanties les brouettes d'angoisse que je rapportais de ce lieu fétide qu'on appelle l'école ! Là où d'autres monstres, bien vivants ceux-là, me donnaient rendez-vous chaque jour. Le samedi soir, à peine ma mère avait-elle fermé la porte de ma chambre – qui était aussi notre salle à manger – que je blottissais contre mon cœur un traversin de plumes d'oie et voyageais sur des nuages agiles et bleus, vers les stades où résonnent les fanfares, où courent éperdument les joueurs de rugby aux maillots éclatants. Je fendais l'air, et mes six ans et ma première année de grande école n'existaient plus.

Je me retrouvais parmi ces hommes qui disputaient un match capital. Je courais comme un ange libre, la dame ovale serrée contre moi. Je devenais le capitaine de l'équipe ! Le petit capitaine ! Je distinguais dans l'assourdissante et nourricière clameur les coups de sifflet de l'arbitre, les vociférations rustiques des supporters, les cris d'amour de cette jeune femme, là, au cinquième rang… Et le vacarme m'enivrait…

Parfois, quand j'avais réussi à dérober la fiole d'huile camphrée que mon père utilisait le jour des matches, j'en versais quelques gouttes, la nuit, dans le creux de ma main, et je massais longuement mes cuisses marbrées et mes mollets d'oiseau. Un gros match m'attendait !

Dans les stades de mes rêves, je marquais des essais en tous genres, dont celui, sublime, qui rendait mon équipe victorieuse à la dernière seconde. Je remportais tous les matches, contre les monstres de la semaine, contre les mangeurs d'yeux des petits enfants, contre les dévoreurs de ventre des minots. Les samedis soir de mon enfance, dans ma chambre sombre et sans herbe, la lune était ovale et c'est moi qui la regardais.

▮ *L'Esprit du jeu, l'Âme des peuples*, La Table Ronde, 2001.

HENRI GARCIA

Amédée caporal

— Parfaitement ! Moi, Amédée Domenech, j'étais le plus grand voyou de Narbonne !

Le client du restaurant Le Molière, à Brive-la-Gaillarde, qui eût tendu une oreille indiscrète à notre conversation avec le patron de l'endroit, se fût à coup sûr étonné de voir ce bourgeois solide, bien mis de sa personne et d'une prestance de gentilhomme, proférer de pareilles avanies sur son propre compte. Rassurons cet auditeur indiscret. Amédée Domenech n'est pas masochiste et s'il aime se mortifier en parlant de son passé de condottiere, c'est pour mieux savourer sa réussite présente de « Duc ».

Il faut bien le dire, ce voyou de Narbonne a connu le plus bel anoblissement que le rugby ait jamais accordé. Mais, si cela peut révolter certaines âmes charitables, si une telle promotion a fait naître bien des jaloux, pour ma part, je ne veux voir que la beauté biblique de l'aventure, qui a permis au pauvre gosse traînant l'espadrille dans les rues tortueuses de l'antique Narbo, d'avoir un titre de Duc, une vaisselle frappée à ses armes : un ballon ovale dans un cercle doré, une cuvée réservée, pignon sur rue et maison de campagne, et enfin dans un bon gros coffre, quelques écus qui, étant au chaud, ne craignent pas la gelée.

Pour être ainsi embourgeoisé, avant même d'avoir atteint la trentaine, vous allez croire qu'il faut être un fieffé coquin. Comme vous y allez, bonnes gens ! Certes la ceinture dorée de notre Amédée ne lui vaut pas toujours une bonne renommée, mais que diable, est-ce tellement condamnable d'être né malin et travailleur ?

Là j'exagère un brin. Par nature, Domenech, que l'on dit un peu « caraque », autrement dit d'essence gitane, ne serait pas un bourreau de travail, mais plutôt une victime de ce mal que le ciel, en sa fureur, inventa pour punir les hommes.

Eh oui ! Comme tant d'enfants pauvres, Amédée dut bientôt faire tous les métiers pour gagner sa chienne de vie. Très tôt d'ailleurs, il prit des arrangements avec le ciel. Ainsi, en même temps qu'il était enfant de chœur, il se hâtait de servir la messe pour aller se faire quelque argent de poche en vendant les journaux communistes sur la Promenade des Barques. Pardonnez-lui, seigneur !

Maraîcher à la saison des asperges ou des artichauts, vigneron aux vendanges, à force de lutter pour gagner sa vie, il finit par devenir un bagarreur. Pour un rien et même pour le plaisir, il châtaignait. Ainsi se fit-il rapidement une bonne réputation de mauvais garçon. Par bonheur, Narbonne est la patrie du vent et du rugby. Pour assagir un homme révolté, le rugby en général, la mêlée en particulier et la première ligne tout spécialement, sont très recommandés.

À seize ans, notre Amédée n'était pas un garçon complexé par l'âge ingrat de la puberté. C'était déjà un solide gaillard. Rapide, adroit, malin et tirant plus sur le centurion romain que sur l'éphèbe grec. Le R.C. Narbonne lui confia donc très tôt une place de titulaire aux fauteuils d'orchestre. Ainsi put-il s'initier à l'art difficile de pilier de mêlée, affrontant tout ce que le championnat d'alors comptait de gens expérimentés. Le fameux Larzabal, champion de France avec Castres, lui cassa ses premières dents, et le terrible Taffine de Lavelanet lui apprit à manger l'herbe.

Dans de telles conditions, il fut rapidement remarqué par les sélectionneurs de l'équipe de France juniors. Il fut signalé également aux dirigeants de l'A.S. Bort, qui n'eurent aucune peine à lui trouver, à la construction du barrage géant de Bort-les-Orgues, une situation mieux rétribuée que celle offerte par l'agriculture languedocienne. À partir de ce jour, Amédée Domenech porta des costumes sur mesure.

Mais à peine venait-il de se nipper que la France allait lui donner, du même coup, deux habits neufs. L'un de solide drap kaki lui était offert par le bataillon de Joinville pour tenir un rôle de 2e classe, l'autre, plus seyant à son genre de beauté, lui était proposé par le XV de France, pour officier en première ligne.

La vocation tricolore d'Amédée Domenech était ainsi doublement marquée et l'on peut dire que ni l'armée française, ni l'équipe de France ne sont prêtes à oublier son passage.

En ce temps-là, les Forces françaises n'étaient pas encore mobilisées par le drame algérien et si la discipline restait la qualité principale du troufion moyen, il faut bien admettre que des sujets exceptionnels comme Amédée Domenech pouvaient faire renaître les gaîtés de l'Escadron.

Pour beaucoup de ses supérieurs, Amédée était le brigand bien-aimé. Il abusait certes des permissions, mais il employait un langage tellement drôle, que ses reparties cocasses lui valaient bien des pardons.

En même temps qu'il gagnait, sous la férule de Jean Prat, ses premiers lauriers internationaux, il obtenait du galon au bataillon, et si on le désignait déjà dans le civil comme un pilier exceptionnel, il faut dire que dans l'armée française, il faisait un caporal vraiment pas ordinaire.

Parmi tous les champions de Joinville, il s'était taillé une place de choix. Sa popularité étant grande, il fut nommé chef de chambrée. Déjà il avait gagné le surnom de « Duc ». Le mystère plane sur cet anoblissement. Les uns affirment qu'il obtint ce titre d'André Boniface à Cardiff lors d'un France-Galles juniors.

— Dédé, tu as été le roi du terrain, aurait-il dit au magnifique attaquant landais, et ce dernier aurait répliqué :

— Si j'ai été le roi, alors tu as été le duc !

Une autre version assure qu'Amédée, ayant troqué le maillot de l'A.S. Bort pour celui du R.C. Vichy, aurait, à l'occasion d'une de ses nombreuses permissions de détente sur les bords de l'Allier, obtenu les faveurs d'une duchesse de très haute lignée.

Quoi qu'il en fût, le Duc trouvait que le tennis, à son gré trop aristocratique, était selon sa propre expression un « sport de gonzesses ». Cette aversion faisait que, dans sa chambrée aux champions disparates, ceux que les officiels avaient sélectionnés, comme Jean-Noël Grinda, pour leur habileté à tenir le manche d'une raquette, étaient aussitôt réquisitionnés par ses soins pour démontrer leurs talents avec un manche à balai en mains.

Un jour, deux jeunes du Racing tombèrent dans le domaine du Duc, c'étaient Crauste et Marquesuzaa. Pour combattre la phobie du tennis du caporal, ceux qui allaient devenir le « Mongol » et le « Bison » décidèrent de se faire passer pour des champions de la raquette et d'engager une épreuve de force avec le maître de céans, en refusant obstinément la corvée de balayage.

—Vous êtes les deux bleus?

— Oui, caporal.

— Quel sport pratiquez-vous?

— Du tennis... au Racing.

Aïe, pensaient les autres pensionnaires, ça va barder.

— Eh bien, gémit le Duc, on n'est pas fauchés. Avec des citoyens comme vous, on n'est pas près de récupérer la Coupe Davis.

Mais tout en maugréant, Amédée jeta un coup d'œil sur les deux bleus. Tiens, pensa-t-il, ils ont de drôles de bobines, ces fils d'aristocrates. Celui-là avec ses bacchantes à faire pâlir Attila et l'autre avec un perchoir à moineaux à la place du tarin, et puis fringués au décrochez-moi ça. C'est bien la première fois que l'on m'expédie des tennismen de cet acabit. D'habitude, ils ont une tout autre tronche. Amédée était ainsi plongé dans ses réflexions lorsque tournant la tête vers la fenêtre, Crauste fit découvrir au caporal Domenech son oreille droite, celle qui est ornée par un splendide chou-fleur. Le Duc eut aussitôt le rictus de l'homme averti.

— Dis donc toi, le nouveau Borotra, au tennis tu sers avec ta raquette ou avec tes feuilles ?

Et tout heureux d'avoir deux rugbymen de plus, le caporal fit verser à boire à toute la chambrée… sur le compte des nouveaux arrivants.

***

Mais si Amédée s'était fait autant d'ennemis qu'il y avait de tennismen à Joinville, en revanche sa verve et sa perpétuelle bonne humeur lui avaient attiré bien des sympathies. Marcel Escommier, talonneur à Montélimar, était devenu en quelque sorte son lieutenant, dans la mesure où un caporal de l'armée, exerçant sur le terrain le rôle de capitaine, peut être secondé par un lieutenant, ou plus exactement un « bras droit », si tant est qu'il soit possible qu'un talonneur de carrière serve de bras droit à un pilier gauche. Bref, il en était ainsi.

Amédée Domenech avait toujours à ses côtés Marcel Escommier, que ce fût dans la chambrée, au réfectoire, en première ligne de la mêlée ou dans la vie de tous les jours, qu'il s'agît de partager le festin de la permission de détente ou le pain noir des cachots. Amédée et Marcel étaient devenus deux frères.

La vie militaire devait d'ailleurs permettre au Duc d'élargir sa famille. Outre Escommier, son frère d'armes, et selon la tradition, le colonel, père du régiment, Amédée était encore allé chercher plus haut un père spirituel en la personne d'un général, dont nous tairons le nom par raison d'État. Ce général était un sportif accompli et un grand amateur de rugby. La personnalité de Domenech avait plu d'emblée à cet officier supérieur qui effectuait de fréquentes visites au bataillon de Joinville. Chaque fois, il se faisait présenter Amédée qu'il tenait pour un fameux pilier et, avec juste raison, pour un des plus grands joueurs que le rugby ait produits.

— Bonjour, mon fils, lui disait le général en lui donnant l'accolade.

— Bonjour, papa, répliquait Amédée, avec une parfaite effusion filiale.

Il faut dire que le Duc se serait fait tuer pour le général. Ce dernier, justement, avait ressenti comme une injure faite à toute l'armée française le 27 à 0 subi en 1954 à Twickenham par l'escadron tricolore commandé par Lucien Mias. Depuis 1923, jamais nous n'avions subi un pareil désastre dans l'annuelle confrontation armée française-armée britannique. C'était en même temps Waterloo et Trafalgar. Cette année-là à Colombes, Domenech avait succédé à Mias à la tête des troupes françaises. Le général lui avait demandé de laver cet affront et le Duc, grand seigneur, avait répliqué :

— Vos ordres seront respectés. Nous vaincrons, même si nous ne sommes pas les plus forts.

Le combat fut rude et longtemps indécis mais, emportés par la fougue de Domenech, les Tricolores eurent le dernier mot 6 à 0. Sachant apprécier la combativité et nonobstant certaines remarques de quelques sujets, pas très gracieux, de Sa Majesté, laissant entendre que Domenech n'avait pas été gentleman durant la partie, le général alla aux vestiaires remercier son protégé.

— Mission accomplie ! dit simplement Amédée.

Cette victoire valut à nos rugbymen une permission de huit jours. Domenech et Escommier partirent donc, mais en fait de détente, ce fut ce que l'on pourrait appeler la tournée du Grand Duc. Invités ici, reçus là, ils perdirent rapidement la notion du temps. Lorsqu'ils se présentèrent à la grille de la caserne, il y avait quelques jours qu'ils étaient impatiemment attendus. L'affaire n'eût pas atteint de graves proportions si, dans les entrefaites, le capitaine en fonction n'avait été changé.

Si le nouveau capitaine n'avait porté un prénom en guise de patronyme, cette escapade n'aurait d'ailleurs pas eu de suites fâcheuses. Pour ne point révéler certains secrets militaires, nous dirons qu'il se nommait Robert.

En voyant arriver un beau matin nos deux loustics l'homme de garde eut un haut-le-corps d'effroi.

— Eh bé ! les gars, j'voudrais pas être à vot'place ! Depuis cinq jours l'pitaine est fou de rage, il vous a fait porter déserteurs. À chaque appel, il vous en dit des vertes et des pas mûres. Il a parlé de conseil de guerre. Tout à l'heure encore, il a dit que ça allait barder drôlement pour vot'matricule. Il a dit qu'il allait vous saquer pour l'exemple et que si vous vouliez jouer aux couillons avec lui, vous ne seriez pas les plus forts ! Ah, bon Dieu non, j'voudrais pas être à votre place, les gars…

— Ça va, l'ami, coupa le Duc, ne joue pas les affolés, on va le voir le capitaine.

Lorsque le planton entra dans le bureau annoncer que le caporal Domenech et le 2e classe Escommier étaient arrivés, on perçut nettement, au travers du mur, le bruit indéfinissable mais parfaitement caractéristique d'une bordée de jurons. Marcel et Amédée se regardèrent interloqués. Ils n'eurent pas le temps d'être longtemps étonnés, car le planton les invita fermement à entrer.

LE CAPITAINE (*bondissant de son fauteuil et se croisant les bras comme pour ligoter la colère qui l'habitait*) : Enfin, voilà nos deux déserteurs !

DOMENECH (*avec un brin de surprise et pas mal de candeur*) : Tiens, encore un nouveau !

ESCOMMIER (*un peu éberlué par un tel courroux*) : Il n'a pas l'air commode.

DOMENECH (*se découvrant et voulant avec tact détendre l'atmosphère*) : Permettez-nous de nous présenter : caporal Domenech, soldat Escommier, de la section de rugby. À qui avons-nous l'honneur ?

LE CAPITAINE (*au bord de l'apoplexie, et roulant des yeux furibards*) : Capitaine Robert !

DOMENECH (*croyant avoir mal compris*) : Je vous demande pardon… Robert comment ?

LE CAPITAINE (*explosant*) : Robert tout court !

ESCOMMIER (*tirant Domenech par la manche*) : Laisse tomber c'est encore un bâtard.

La décence nous oblige à taire la conclusion verbale que le capitaine Robert apporta à cette entrevue. Disons simplement que, deux minutes plus tard, nos deux champions méditaient au cachot sur les difficultés de compréhension entre officiers et hommes de troupe.

Mais la « Pibane », qui est chez Domenech l'équivalent de la Fatalitas pour Chéri-Bibi, ne saurait s'acharner longtemps sur le Duc. C'est ainsi que le lendemain on vit se pointer au bataillon, de fort belle humeur, le général grand amateur de rugby.

— Alors capitaine, vous avez vu cette raclée que nous avons passée aux Anglais, l'autre samedi à Colombes ?

— Hélas non, mon général, je n'étais pas à Paris alors, mais on m'a dit que ce fut un grand match.

— Merveilleux ! capitaine, sensationnel ! Au fait, que devient mon fils ?

— Votre fils ?

— Eh bien oui, quoi, le Duc...

Ici le capitaine marqua un moment de surprise où se mêlait une pointe d'angoisse. Merde, pensa-t-il, encore un fils d'archevêque qui ne m'a pas été signalé, fils de général et duc par-dessus le marché ! L'angoisse vira à la panique lorsque le général lui révéla que ce duc n'était autre que Domenech.

— C'est que, mon général, il a commis une grave faute, et j'ai dû le punir…

— En cabane Amédée ? Mais quel crime a-t-il donc fait ?

— Il a prolongé irrégulièrement sa permission de cinq jours…

— Ce n'est que cela ? Vous m'avez fait peur capitaine. Mais il faut réparer cela, ce n'est pas possible que le meilleur rugbyman de chez nous moisisse en prison, alors que la France a besoin de lui pour battre le Pays de Galles et remporter enfin le Tournoi des Cinq Nations !

Et c'est ainsi qu'Amédée Domenech obtint une nouvelle permission, car avec les Gallois on ne prend jamais assez de précautions.

▮ *Les Contes du rugby*, La Table Ronde, 1961.

GEORGES PASTRE

Les graines de tournesol

Le col du pardessus relevé, le bonnet écossais descendu sur les oreilles, le journaliste pressait le pas. Le quartier était triste, presque sans circulation, et les boutiques ne regorgeaient de rien. Le stade qu'il cherchait ne devait plus être bien loin. Il venait de reconnaître la boulangerie d'où sortaient des femmes emmitouflées de noir, porteuses d'un bâton verni où étaient enfilés quelques petits pains ronds, comme des anneaux ; elle faisait l'angle maintenant, – il s'en souvenait, rassuré – de l'avenue et de la rue qui conduisait au stade de « Grivitza Rosie ». Il y pénétra enfin.

Il était un peu en retard. Des joueurs en survêtement bleu où l'on lisait « România » en lettres jaunes se passaient et se repassaient le ballon.

Tout au fond, il y avait un mur de briques. Il se dirigea vers ce point afin de se protéger du vent, ce vent certainement passé sur le Baragan en faisant rouler les panicauts. Il se trouva ainsi dans un en-but du terrain. Il n'y était pas seul. Un garçonnet, qui pouvait aller sur ses onze ans, y patrouillait, galopant derrière le ballon qui, de temps en temps, tombait du ciel gris. L'enfant, trop peu vêtu, rougeoyait des oreilles et du nez, ce qui frappait pour ce visage maigre et livide. Mais les yeux, qu'il avait larges et noirs, étaient attachants.

Le journaliste remarqua vite que ce gamin de Bucarest caressait le ballon avant de le rendre – d'un coup de soulier qui avait déjà de l'allure – aux grands, les internationaux du lendemain, tous tendus, appliqués, parce que les Français étaient déjà dans la ville.

Il arriva un moment où le ballon ne vola plus dans l'air froid. Alors, l'enfant sortit un sachet de papier d'une poche, y puisa de son pouce et de son index, porta quelque chose à sa bouche et se mit à mâchouiller. Il cracha au loin des miettes de ce festin, il recommença et ainsi de suite.

— Tiens, se dit le journaliste, on ne recrache pas des cacahuètes.

Il s'approcha de l'enfant. Pour savoir.

En Roumanie, à peu près tout le monde sait au moins un bout de français.

— Que manges-tu ? dit le journaliste.

— Des graines de tournesol.

L'homme resta un instant pensif. Adolescent il avait été plusieurs fois intrigué par ces graines de tournesol que quelque moujik mangeait dans les livres de Dostoïevski, de Tolstoï, pour lui champions olympiques du roman. Et voilà qu'il lui arrivait, comme ça, à quarante ans, de se trouver en présence de ces fameuses graines de tournesol. Ce devait être délicieux.

— Tu peux m'en donner une ? dit le journaliste.

L'enfant vit justement revenir le ballon en direction des poteaux, très haut. Brusquement, il mit fortement le sachet dans la main glacée du monsieur.

— Prends tout ! lança-t-il.

Son nouvel ami commença à mastiquer sa première graine de tournesol. Il n'y avait rien à manger, et ce rien n'était même pas bon.

Cependant, il pensa que ce petit cadeau en valait un autre. Lorsque l'enfant revint près de lui, il lui demanda son nom. « Mircea Radulescu » fut la réponse.

— Eh bien ! Mircea, sois au même endroit dans deux ans. Je t'apporterai un cadeau.

* * *

C'est long, deux ans. Mais ça finit par arriver.

Cette fois-là, l'équipe de France avait dû se rendre à Bucarest à Noël, ou peu s'en fallait.

Et, cette fois encore, notre journaliste allongeait le pas en traversant le quartier Grivitza Rosie. Il souriait dans la froidure. Il savait que ses chers amis roumains seraient là, fidèles. Les petits anneaux de pain étaient encore de sortie.

Quand le terrain se découvrit à ses yeux, le reporter regarda tout de suite vers l'en-but, celui qui se trouvait à l'abri du vent du Baragan.

Le garçonnet avait gagné en taille un bon travers de main, et son coup de botte s'était nettement allongé. Mais, enfin, c'était bien Mircea, le pauvre Mircea aux pauvres vêtements.

Comme il était occupé à courir derrière une balle, le journaliste ouvrit prestement un sac, en sortit un ballon tout neuf et, d'un coup de pied encore fort convenable, il l'expédia tout près du garçon. Celui-ci venait de renvoyer le premier ballon aux joueurs. Surpris, il ramassa le second, il le caressa un instant, lorsque le journaliste, déjà là, lui dit : « Non ! Celui-là ne le renvoie pas, Mircea. Il est à toi. »

Le petit garçon leva les yeux vers le Français. Dans ces yeux comme agrandis, l'humidité était venue.

Mircea mit le ballon sous sa veste élimée, et il prit les jambes à son cou, vers la sortie, en oubliant de dire merci.

Le journaliste, presque aussi heureux que lui, l'imagina aussitôt traversant le quartier populaire de Grivitza Rosie, toujours courant, son trésor de cuir neuf serré contre sa poitrine et le portant qui sait où…

— Bon, se dit-il, voilà qu'il me faut remplacer Mircea.

Et il se mit à renvoyer les ballons avec application.

* * *

Quatre fois deux ans se passèrent. À la quatrième de ces nouvelles visites, le journaliste français, pénétrant dans le même stade, chercha en vain son jeune ami du côté du mur de briques. Il se trouvait déjà déçu lorsqu'une main se posa sur son épaule. Il se retourna. Mircea souriait avec un brin de fierté dans ses grands yeux noirs. Sur son survêtement bleu, on lisait en lettres jaune d'or : « România ».

▮ *Les Ovaliques*, La Table Ronde, 2007 (Dehedin, 1990).

DENIS LALANNE

Faubourg Montmartre

Il était avantageux de s'appeler Bob, ou Johnny, ou Jimmy, d'un de ces noms de joueurs de jazz, quand on se promenait à Pau à la fin des années quarante. Cela vous équipait d'un flegme de bonne importation, un parfum de Lucky Strike, un bel air de Libération, on dirait aujourd'hui : un look. Mais si vous aviez, à la fin des années quarante, un copain qui s'appelait Bob et qui était par surcroît athlétique et beau comme un pâtre grec, qu'un rien habillait et que tout intéressait, qui jouait arrière aussi bien que troisième ligne à la Section Paloise, le nez cassé par Jean Prat en touche longue, dévorait les auteurs américains, les vers de Prévert, les articles de *L'Équipe*, et sans cesse une chanson à la bouche, ou un rire, ou une fleur, sorte de prophète musclé du mouvement hippie, alors vous pouviez toujours attendre votre tour si vous pensiez trouver bonne fortune en sa compagnie. Le premier regard était fatalement pour lui dans nos déambulations avisées devant les jardins de la Préfecture, où croisait toute la jeunesse paloise. On avait beau se grandir d'une tête, impossible de lutter avec Robert Roy, que l'on appelait Bob à la ville et au stade. Il était, à la lettre, désarmant.

Bob était moniteur civil à l'École normale d'éducation physique militaire du Hameau, à l'entrée de la route de Morlaàs, là où se produit aujourd'hui l'équipe professionnelle de la Section Paloise. Ce stade sorti de terre sous l'Occupation, à grands coups de pioches bénévoles, évoque pour moi des moments très forts. Un 200 mètres haies gagné en août 1944 après une marche forcée de 20 kilomètres le long d'une voie ferrée sabotée par la Résistance. Une bagarre formidable au saut en hauteur entre Thiam Papa Gallo et Georges Damitio, avec une barre magique à 2 mètres, nouveau record de France. La présence ce jour-là du mentor de Marcel Hansenne, Gaston Meyer, dont nous dévorions les articles sur le demi-fond. Je ne me doutais pas que la société de Gaston, de Marcel et de Georges m'allait être bientôt familière.

Le personnage du colonel de Fornel est inséparable de la brève histoire du collège d'athlètes du Hameau de Pau, un pendant du collège d'Antibes. Notre ami Roger Driès fut de ces engagés pour trois ans dont la vocation sportive fut grossièrement détournée vers l'imbécile guerre d'Indochine. Mais c'est surtout le charme de Robert Roy qui passe encore sur ce lopin sentimental de ma patrie béarnaise. Du jour de 1948 où je le connus, présenté par une amie d'enfance qui avait naturellement succombé, je sus que la vie ne nous ferait jamais le coup de l'éloignement et de l'oubli.

J'ignore si je lui ai apporté les satisfactions que je lui devais, j'aimerais en être sûr car, de son côté, il ne savait que se fendre en deux pour quelqu'un d'autre. Comme nous étions généralement sans le sou à compter du 15 du mois, complètement fauchés et heureux, cela consistait surtout à partager nos plaisirs et nos engouements, un mois sous la tente au Pays basque, où l'on se jurait de vivre plus tard, une ou deux saisons ensemble dans la ligne de trois-quarts du Stade Maubourguetois, près de Labatut-Rivière, où ses parents parisiens vivaient leur retraite, une ou deux saisons à l'Union Athlétique Tarbaise, le bridge méthode Albarran, les mots croisés de Max Favalleli, le dernier roman de Papa Hemingway, le dernier combat de Cerdan à la T.S.F., Louis Armstrong, Humphrey Bogart, une virée poussive dans une voiture à gazogène, Django Reinhardt, Duke Ellington, et puis les filles, les filles qui dansaient le boogie-woogie. Il n'était pas question d'aimer modérément. C'était l'emballement ou l'indifférence. Nous tenions à séparer le talent de la banalité dans cette extraordinaire flambée artistique, intellectuelle ou sportive qui enchante chaque après-guerre.

Un soir, au casino de Pau, nous avions reçu le choc d'un chanteur qui passait en première partie du programme d'Édith Piaf. C'était le jeune Montand des *Plaines du Far West* et de *Planter café*, dont Bob plus tard allait connaître le répertoire par cœur, littéralement abonné aux grandes soirées du théâtre de l'Étoile. Je pense toujours à un passage d'*Un rêve américain* où l'auteur, Norman Mailer, se dit pareillement subjugué par un chanteur noir du Village : « À la fin, on était en joie, l'oreille était contente, on était vaincu par un champion. » Mais qui aujourd'hui est encore vaincu par nos champions de l'époque ? Lors de la tournée d'adieu d'Yves Montand, bien des lunes après les *Plaines du Far West*, un événement énorme sera son récital au Metropolitan Opera de New York, où nul chanteur de variétés ne s'était aventuré avant lui. « Je ne comprends pas, me dira Patrice Dominguez, le joueur de tennis. Yves Montand, à la limite, ça me fait rire. » C'est la loi. Un jour, les Johnny qui se roulaient par terre, en bottes et blouson noir, feront sûrement rire aussi. En attendant, j'aurai le privilège d'aller au Met, invité par Montand lui-même, par l'entremise d'un ami providentiel, une épée de l'hôtellerie, Robert Bergé, et je n'ai pas besoin de dire de quel âge étaient les émotions dont mon cœur allait fondre ce soir-là. Ah ! si Bob avait pu vivre assez longtemps pour partager cette sorte de rêve américain...

Une seule fois nous avons été séparés, ce fut en 1952 lorsqu'il quitta le collège du Hameau pour retourner à Paris, dans ce sixième sans ascenseur de la rue Jules-Chaplain, à Montparnasse, qui vit défiler tant de vagabonds, car l'abbé Pierre et Coluche n'auront pas plus de cœur que Robert Roy pouvait en avoir pour le premier venu. J'allais ronger mon frein à Tarbes et à Pau, juste le temps de le rejoindre à Paris, où il dansait sur un fil, mais un fil d'argent, faisant profession de kiné, de soigneur de femmes du monde, et jouant au rugby au Racing, mais en équipes de gentlemen, car ses boucles cendrées, vaguement rangées par ses soins, ou par quelque amie qui voulait dessiner un mouton, bref ces boucles fatales n'avaient pas trop le don de plaire au père Lerou, patron de l'équipe première.

Ce fut une intense période épistolière, deux ou trois courriers par semaine dans chaque sens, où il me parlait de Boris Vian, des Springboks à Colombes, de Montand à l'Étoile, et où j'allais donc l'entretenir de l'éblouissante découverte faite à la Croix-du-Prince, ce nouveau trois-quarts centre du nom de Boniface : un nom facile à retenir pour un trois-quarts cependant intenable.

***

André Boniface :

— Avec sa douceur et sa beauté, dont il se fichait éperdument, il m'a fait l'impression de venir d'un autre monde, meilleur que le nôtre. Bob était beau comme d'autres sont abrutis ou méchants, irrémédiablement. Il était encore plus beau à l'intérieur et cela passait dans un regard extraordinairement amical. Non, je n'ai pas cherché à le copier physiquement. On a pu croire ça à cause de ses boucles et des miennes. Mais j'ai toujours été bouclé, ce qui ravissait ma mère et me navrait quand j'étais enfant. Le seul que j'aie voulu imiter, c'est Jean Dauger, et c'est au point que je me suis fait poser une dent en or sur le côté, comme lui... Je pense qu'à l'heure actuelle, où rien ne compte autant que le look, les apparences, Bob recevrait des propositions de partout, mais qu'il n'en ferait pas plus de cas que de son vivant. Ses préoccupations étaient d'un autre ordre. Il avait peut-être un pacte avec le ciel (façon de parler, car il n'était pas très croyant) mais son plaisir de découvrir, de connaître et d'approfondir, était tout ce qu'il y a de terrestre. C'est pour cette raison qu'on le voyait, à Colombes, suivre les matches du tournoi du bord de la touche, comme un clandestin, et parfois dans les bottes de paille fraîchement mises à l'écart. C'était pour mieux voir le match du dedans, mieux le saisir et l'expliquer. Ce n'est un secret pour personne que j'étais son préféré, ne serait-ce que pour une raison d'antériorité par rapport à Guy. Pour Antoine Blondin, par contre, il n'y avait que Guy qui comptait. Mais à la différence d'Antoine, qui cédait là à un pur sentiment d'amitié, et même de complicité, sans aucune référence au terrain, ce que Bob pensait de moi était de l'estime pour mes années de recherche, mon acharnement, mon exigence, et il avait sûrement à mon contact l'impression d'accéder lui-même à un niveau supérieur dans la connaissance du jeu. Dans son dernier article, à propos de cette ultime passe croisée qui envoyait Claude Lacaze à l'essai, il a écrit que le sourire d'un ange passait sur mon visage. Effectivement, sur ce coup victorieux, j'étais au ciel. Deux jours plus tard, il y était à son tour. Saleté de bagnole. Ce fut le premier grand chagrin de ma vie. Après, ça n'a plus arrêté.

* * *

Une consolation est de se dire que des êtres comme Bob et comme Guy n'étaient pas faits pour devenir vieux et méchants. Car, l'un comme l'autre, on les a bien vus dans la nécessité de se défendre, et n'est-ce pas ainsi que ça commence, la vieillesse et la méchanceté ?

Entre Bob et André le coup de cœur était obligé, André pour ce qu'il représentait d'un trois-quarts centre prédestiné pour un regard averti, et Bob pour un éclat de sa personne qui ne courait pas les rues de Montfort-en-Chalosse. Bob deviendra un familier des Boni et de leur idéal, de leur combat contre les moulins à vent. Je garde en mémoire un article de lui où il remonte par imagination dans l'enfance des deux frères. Et pour dire s'il se défendait de choisir entre les deux, il y faisait parler le chat : « Le chat les vit entrer, il les observa et se dit : ils doivent être siamois. »

Rien que pour une trouvaille comme celle-là, je ne regrette pas de l'avoir entraîné dans le journalisme. Voici comment c'est arrivé.

À vingt ans, j'avais sauté sur ma chance. Elle s'appelait René Valmy, mon prestigieux copain de l'U.A. Tarbaise, recordman de France du 100 mètres. René revenait d'une tournée en Indochine, un véritable rêve d'exotisme au sortir de la guerre et de l'Occupation. Il n'était pas seulement un sprinter-sauteur de grande classe, très en avance sur son temps si l'on considère qu'il venait de la gymnastique, tenant de celle-ci une musculature du haut du corps digne des sprinters survitaminés d'aujourd'hui. René avec sa faconde racontait aussi très bien. Il me raconta l'Indochine, son escale à Calcutta, tout ce fabuleux voyage, et j'en fis aussitôt une série d'articles signés René Valmy qui furent pris par *La Victoire de Toulouse* et par mon ami Hégoburu à *La République des Basses-Pyrénées*. Eh oui, c'est un grand sprinter basané qui m'a donné le départ. Cher René, qui fut traité de fantaisiste alors qu'il souffrait d'une grave insuffisance cardiaque ; qui fut traité de prétentieux alors que je le vis s'échapper, mort de confusion, de vraie modestie, lorsque je lui proposai une entrevue avec Jesse Owens, son modèle et son dieu, venu à Toulouse avec les Harlem Globe Trotters.

À Pau, puis à Tarbes, où m'expédia mon renvoi du lycée Louis-Barthou, avec une grande croix sur mes espérances de joueur de rugby, l'athlétisme m'a fait connaître des hommes épatants, l'extravagant Gabriel Sempé, recordman de France du 110 mètres haies, recordman de longévité, le grand couturier André Courrèges, inventeur de la minijupe, Étienne Lalou, un pionnier de la télévision, et puis ce rival sur 400 mètres haies qui nous arriva un matin à l'entraînement en disant : « J'offre un verre. J'ai eu un enfant cette nuit. C'est une fille. » C'était un réfugié alsacien du nom de Jean Famose et sa fille Annie sera une grande championne de ski. Mais on comprendra pourquoi René Valmy est resté spécialement cher à mon souvenir. Il m'a fait faire un grand voyage immobile en Indochine. De là mes classes de rubriquard à *Pyrénées,* l'édition bigourdane de *L'Éclair* de Pau, à une époque où s'imposait le F.C. Lourdais d'Antoine Béguère, de Jean Prat, de Robert Soro, puis mes premières incursions dans les colonnes du *Figaro*, à titre de correspondant régional, à une époque où flambaient les puits de Lacq et le jeune André Boniface à la Croix-du-Prince.

Et puis, un beau jour, 1er septembre 1953, ce fut fait, j'avais rejoint Bob à Paris, dans ce sixième sans ascenseur, sans chauffage, avec lavabo sur le palier et « lézardes sur le firmament », qui jurait avec l'idée qu'on pouvait se faire d'un journaliste du *Figaro* de Pierre Brisson, quand tout Paris klaxonnait aux carrefours et que les fiacres stationnaient encore devant l'hôtel particulier du journal au rond-point des Champs-Élysées. Je devais à Maurice Capelle, chef de service, et à Roland Mesmeur, ami parfait, tous deux fervents de rugby, cette préférence qui m'était faite pour grossir les rangs de la rubrique sportive, en charge du rugby, du tennis, et puis…

— Lalanne, vous connaissez le golf ?

— Non, pas du tout.

— C'est bon. Vous ferez le golf.

Alors, chaque matin, je quittais notre pigeonnier, ayant déniché dans le chaos des lieux une chemise propre et une cravate, pour passer dignement le porche du Rond-Point, où l'on pouvait croiser le fils du patron, Jean-François Brisson, l'homme qui avait ravi à Gabriel Sempé son record du 110 mètres haies, ou bien Pierre Daninos, le dessinateur Sennep, Pierre Scize, James de Coquet, Jean-Jacques Gautier, rien que des épées, ou encore un jeune débutant, pimpant comme tout, prêt à bouffer tout Paris, dont Philippe Bouvard était le nom. Et chaque soir on relâchait la tenue, je retrouvais mon Bob et mon Montparnasse, les copains de la Coupole et du Select, où quelques joueurs de rugby du Racing ou du P.U.C. avaient remplacé Apollinaire et Modigliani. Nous étions sûrs d'y retrouver aussi un pilier de notre bande, Palois d'origine, une figure du quartier Latin, directeur de campagne de Ferdinand Lop, qui s'appelait Raymond Gabaig, et d'apercevoir à tout coup le couple Jean-Paul Sartre-Simone de Beauvoir refaisant sur un coin de table un monde qui s'en serait facilement passé. La réalité dépassait un rêve très personnel. Fauché pour fauché, j'aurais voulu vivre au temps des Impressionnistes et des Montparnos.

Vint ainsi le tournoi de 1954, pour lequel un trois-quarts aile faisait défaut.

— J'en connais un, dis-je à mon chef. Un qui peut faire mieux que dépanner.

— On peut savoir son nom ?

— Boniface.

— Pas question ! fit Maurice Capelle avec autorité. On ne va pas s'amuser à mettre un centre à l'aile.

Il avait raison et je n'avais pas tort. Je suis persuadé que Maurice Capelle a beaucoup insisté auprès de la troïka de la sélection, Roger Lerou, Adolphe Jauréguy et André Verger, pour prendre Boniface à l'aile. Pour lors, les journalistes de la capitale vivaient en pleine intelligence avec nos trois sélectionneurs parisiens. Et puis, si l'on pouvait faire plaisir à Camille Pédarré, le président du Stade Montois, en lui sélectionnant son petit dernier, on n'allait surtout pas y manquer. De tous les présidents de province, Camille Pédarré était celui qui savait le mieux dérouler le tapis pour les envoyés spéciaux de la rue Réaumur ou du faubourg Montmartre, leur offrant la meilleure cantine du moment, la divine table de Jean Darroze à Villeneuve-de-Marsan. Bonne raison, on s'en doute, pour ne pas causer de chagrin à Camille. Un jour que j'avais un peu secoué le Stade Montois dans un article, un jour que j'avais osé faire ça, je reçus aussitôt un coup de fil affolé de Géo Villetan, de *France-Soir* :

— Tu n'es pas bien, ou quoi ? Tu veux nous couper la route du foie gras !

Il faut savoir que l'abondance était loin d'être revenue avec la Libération. Plusieurs années après, on courait après un bon restau ou une chambre à louer. Une bagnole, n'en parlons pas. Les nuits d'hiver, tous les prétextes étaient bons pour retarder le plus possible le moment de regagner notre glacière. On se familiarisait ainsi avec des talents nouveaux, Aznavour, Brassens, Fernand Raynaud. Au matin, j'allais m'activer et me doucher aux Volontaires, le club de tennis couvert que tenaient dans le XIVe Martin Plaa, Estrabeau et Luquet, des compatriotes, compagnons d'entraînement des fameux Mousquetaires. On allait déjeuner pour trois fois rien chez Sedès, le Basque de la rue Malar, où les pionniers de la rue Cognacq-Jay avaient leurs habitudes et où Bob pliait Bill Marshall au bras-de-fer. Tout pour être heureux ! Avec le passeport du *Figaro*, on s'ouvrait toutes les portes, en particulier celles de la cité d'Antin, le siège de la Fédération française de rugby. Au bout de quinze mois, celles-ci se fermèrent. J'avais changé de casaque. Du *Figaro*, j'étais passé à *L'Équipe*. Du Rond-Point, au Faubourg. Vive l'aventure.

Alors la F.F.R. était aux mains d'un couple tout-puissant, M. Pautot et Mme Annette, qui ne portait pas dans son cœur le leader de la rubrique rugby de *L'Équipe*, Marcel de Laborderie, lequel le leur rendait bien lorsqu'il parlait de la « Cité d'Antinéa ». On ne remplaçait donc pas Marcel de Laborderie sans être soi-même suspect aux yeux du couple fédéral, infernal autant que fatal. Marcel de Laborderie, ancien demi d'ouverture international du Racing, père de notre ami Renaud, était mort à l'automne 1954, déclarant bravement au jeune Henri Garcia :

— Voyez-vous, Henri, je tenais ma place en défense. Mais je meurs d'un mal réputé implacable.

J'étais donc appelé à le remplacer sans avoir le moins du monde postulé, car la règle était qu'on ne quittait pas un journal comme le *Figaro* de Pierre Brisson. Mais, d'un autre côté, l'appel de *L'Équipe* s'adressait à l'adolescent que j'avais été, fasciné par la lecture des pages jaunes de *L'Auto*, Antonin Magne et Vietto, Jess Owens, Ben Barek, Diagne, Aston et Veinante, et après la guerre, les articles retrouvés de Jacques Goddet, et puis ceux de Charles Faroux, Gaston Meyer, Pierre About, Gabriel Hanot, Georges Peeters, Jacques de Ryswick, Jacques Ferran, Albert Baker d'Isy, Jean Samazeuilh, et je ne voudrais pas oublier quelqu'un que j'admirais pour son éclectisme, Fernand Albaret. Aussi, lorsque Georges Duthen, à ma grande surprise, me fit la mirobolante proposition d'être à vingt-sept ans le chef des services rugby et tennis de ce journal mythique, je me dépêchai d'oublier toutes les balivernes qui circulaient dans la profession sur *L'Équipe*-qui-ne-payait-pas-et-qui-était-une-caserne-avec-un-adjudant-chef-comme-Marcel-Oger, etc. Le 1er janvier 1955, Jacques Goddet me faisait les honneurs de son immense bureau du premier étage. Mon cœur faisait des bonds à plus de 2 mètres, record de France.

Dans l'immense bureau du premier étage m'attendait aussi le bras droit de Jacques Goddet, Pierre Skawinski, qui avait laissé sur 400 mètres et sur toutes sortes de terrains de sport la trace d'un géant surdoué. Il composait au sein du journal, avec Gaston Meyer, Marcel Hansenne, Michel Clare, Robert Parienté, Paul Dupont, une espèce de mafia de l'athlétisme à laquelle ne pouvait postuler un coureur de ma catégorie. J'ignorais que je présentais aux yeux de Pierre Skawinski plus grand mérite encore qu'un médaillé olympique. Membre de Saint-Cloud, il s'empressa d'ajouter le golf à mes attributions :

— Vous êtes un grand spécialiste, bien sûr, me dit-il.

— Eh bien…

— Quand on a fait le golf au *Figaro* !

De nos jours encore, nombreux sont ceux qui se demandent pourquoi rugby, tennis et golf cohabitent si fréquemment dans les structures du journal et, pour finir, dans les mœurs quinzistes. J'y serais pour quelque chose que ça ne me ferait pas honte. Car les passerelles entre les trois jeux n'existaient pas en France, ni même au sein du journal, où l'on était fort soupçonné de soigner surtout son bronzage quand on était de service à Roland-Garros. En 1958, pour la première tournée du XV de France en Afrique du Sud, un seul de nos vingt-sept joueurs, Michel Vannier, avait déjà tenu une raquette de tennis. En 1961, pour la première tournée en Nouvelle-Zélande, aucun n'avait tenu un club de golf. Il y avait un travail de missionnaire à accomplir ! En retour, je dois au golf le plus beau compliment que j'aie jamais reçu, je pense à ce monsieur si bienveillant qui me dit un jour :

— Je ne connais rien à ce jeu. Mais, quand je vous lis, je sens l'herbe.

Bien en peine d'y revendiquer une sérieuse autorité, moi qui n'ai pas dû « casser le 80 » plus de six fois dans ma vie, je serais déjà très fier d'avoir pu par écrit faire monter l'odeur unique des fairways et des greens. Je suis ce que les Anglais appellent un *grass eater*, un bouffeur d'herbe, herbe des grounds, des courts, des links, des pelouses du Kent, des parcs londoniens, des pistes en herbe sous l'Occupation, des trois sets au couteau avec Jacques Sallebert ou Paul Chaize sur le gazon du Queen's Club, herbe des verts pâturages d'Ovalie, sans disqualifier tout à fait l'herbe kikuyu du Transvaal. Je dois avoir ce que mon illustre aîné de la rubrique tennis, Jean Samazeuilh, appelait « le pied jardinier » car j'éprouve à le poser sur l'herbe tendre un des plus grands plaisirs de la vie. Jean Samazeuilh, champion d'une lignée bordelaise, dégustait un passing-shot de Rosewall sur le centre-court de Wimbledon comme on savoure un saint-émilion long en bouche, il en frémissait d'aise en fermant les yeux. Il prenait son pied, je prenais le mien, et je n'ai jamais compris quel plaisir, en revanche, pouvaient éprouver les joggers d'aujourd'hui à courir sur l'asphalte des rues de préférence aux prairies d'alentour. Marcel Hansenne a une opinion bien établie là-dessus : « Ils veulent se faire voir, voilà tout. » Personne toutefois n'a dû chérir sa verdure à l'égal de Jules Soulé, l'apôtre du Stado Tarbais, qui interdisait aux athlètes de l'U.A. Tarbaise l'entrée du vieux stade de Sarrouilles, de crainte qu'ils n'abîment la pelouse de rugby avec leurs chaussures à pointes et leurs diables de javelots.

Ne quittons pas l'herbe fraîche. Il existe sur le compte du golf en France un malentendu que pratiquants et profanes ont entretenu avec une ardeur aussi coupable d'un côté que de l'autre. C'est Haroun Tazieff, ce vieux dur à cuire de nos amis, qui me confiait un jour :

— Je ne connais pas de plus beau jeu que le golf. Je lui dois mes plus grandes joies sportives, quand j'étais en Afrique, et que j'y fus initié par de merveilleux partenaires britanniques. C'est si vrai que j'avais fini par construire trois trous chez moi, où je pouvais m'entraîner chaque jour. Aussi, à mon arrivée à Paris, je n'eus rien de plus pressé que de m'inscrire dans un club de golf. Mais là, je suis tombé sur des gens tellement prétentieux et nuls, des sportifs tellement ridicules que j'ai tout jeté pour toujours, mon chariot, mes clubs, mes balles et tout le saint-frusquin.

Voilà d'ailleurs pourquoi rien n'est plus irritant que de voir pratiquer chez nous l'amalgame entre le pédantisme parisien et le jeu le plus naturel au monde, le grand jeu de la prairie. Je ne doute d'ailleurs pas que ses plus fervents détracteurs seront les plus empressés à l'annexer le jour où un joueur français sera bon pour la grande médiatisation. Nous avons eu un avant-goût de cette comédie en 1997, lorsque certains journaux français se jetèrent sur la victoire de Tiger Woods au Masters pour nous jouer le grand numéro du pauvre nègre vainqueur chez les affreux bourgeois d'Augusta. Le grand numéro de la démocratisation du golf. En même temps qu'elles trompaient leur monde, ces bonnes âmes ont raté le vrai scoop.

Tiger Woods en réalité est un enfant gâté de la bonne société américaine, d'un système universitaire aux petits soins pour un champion de son espèce. C'est plutôt l'homme qui jouait avec lui le dernier tour du Masters qui était un sujet en or pour le roman que recherchait la presse populaire. Cet homme-là, à l'âge de Tiger Woods, avait mangé de la vache enragée, il avait travaillé en usine pour se découvrir, vers la trentaine, un surprenant talent de joueur de golf. Son nom : Costantino Rocca. Qu'un homme parti de si loin, dans le désert du golf italien, ait pu jouer au dernier tour la première place d'un British Open, puis la première place d'un Masters, qu'il ait pu jouer aussi la Ryder Cup, c'était la plus édifiante des success stories. Mais Rocca était un bon pépère d'homme blanc, il n'avait rien de l'insurgé monté à l'assaut de l'Establishment, de la citadelle bourgeoise du club d'Augusta National. Tandis que, Tiger Woods, quelle allure de vengeur masqué ! Car ce n'était évidemment pas à son swing que les médias de chez nous risquaient de s'intéresser. C'est seulement en 1999 que certains d'entre eux se piquèrent de familiarité avec le jeu, à propos de la mirobolante mésaventure de Jean van de Velde au 72e trou du British Open. Ils furent si experts à rejouer le trou à sa place qu'on aurait pu croire que la France était une grande nation golfique. Comme il faut souffrir pour être belle, sans doute le golf chez nous doit-il pour quelque temps encore endurer les affectations de ses muscadins et les foutaises de l'opinion.

* * *

Retour au 1er janvier 1955, dans la rumeur du faubourg Montmartre, si particulière qu'on l'eût reconnue les yeux bandés. Pour lors, elle semblait encore colporter la dernière blague d'un Alphonse Allais. Le plus enthousiaste à l'idée de me voir entrer à *L'Équipe* était Bob, qui n'en perdait pas une miette depuis le premier numéro. Le plus obligeant, si l'on voit le genre, était Raymond Gabaig :

— Vas-y, me disait-il. Tu seras sûrement traduit en plusieurs langues, y compris en français par les correcteurs !

Gabaig, qui était un habitué du Palais-Bourbon et des grandes plaidoiries de Me Floriot, aurait vendu son âme pour faire un bon mot. Il se moquait du sport comme d'une guigne mais plaçait toujours son grain de sel dans nos discussions à n'en plus finir sur le rugby. Il raisonnait ainsi : « Voyons, je vous entends dire depuis toujours que Tito Jorge est trop personnel. Et là, vous pleurez parce que Tito a été blessé et que vous avez dû jouer à quatorze. De quoi vous plaignez-vous ? Vous avez joué à quatorze au lieu de jouer à un ! » C'est lui qui, un soir à la Coupole, nous inventa ce nom, Ovalie, dont des générations de chroniqueurs allaient faire leur beurre. Avec Bob, les frères Duthen, Bernard Krouchtein, Gérard Dufau, Jean Bédерède, André Donnet, nous formions son fidèle auditoire.

Un soir de 1956, Georges Duthen nous annonça qu'il quittait *L'Équipe* pour un quotidien sur le point de paraître, *Le Temps de Paris.* La surprise était de taille car Duthen était une pointure du journal, chef des informations et signature la plus respectée en matière de rugby. Mais l'époque était aux chassés-croisés dans une profession en pleine effervescence. J'avais moi-même des touches avec la concurrence mais je n'allais pas changer de destination tous les huit jours. Surtout, le départ de Duthen me donnait du galon au faubourg Montmartre. À preuve la proposition que me fit aussitôt Gaston Meyer, rédac-chef, me donnant liberté d'embaucher deux rédacteurs permanents, plus un ou deux pigistes, pour renforcer le service. Trop de vocations n'ont pas eu de chance, on va sûrement penser à l'itinéraire d'un enfant gâté. Mais il devait y avoir dans mon cas autre chose qu'une bonne étoile, et je sais bien quoi : une passion et une douce rage de l'assouvir.

Il ne me restait plus qu'à retrouver Bob pour lui demander :

— À ton avis, le plus beau métier du monde ?

— Le tien, parbleu, dit-il.

— Alors, laisse tomber tes massages. Tu commences à *L'Équipe* demain matin.

* * *

Il avait un profil de médaille mais sûrement pas un profil de carrière.

À trente-deux ans, il n'avait pas encore affronté le paradoxe du journalisme écrit, à savoir que les langues y sont plus agiles que les plumes. Plus beau métier du monde, peut-être, mais on n'a pas dit le plus tendre, ni le plus charitable.

Quel conseil lui donner ? Le fin du fin, lui expliquai-je, serait dans un premier temps de n'être pas assez mauvais pour risquer une mise sur la touche, ni trop bon pour faire de l'ombre à qui que ce soit. J'étais jeune moi-même, loin d'être à l'abri de mes propres impairs, mais c'est un conseil que je continuerais de donner à tout frais émoulu dans une salle de rédaction.

Je me voyais pourtant mal dans le rôle de Mentor ou de Pygmalion, si peu d'années après avoir reçu moi-même, à mes débuts, ce conseil d'ami : « Tu n'arriveras à rien. Tu écris trop ce que tu penses. » Je n'avais pas trouvé ça très flatteur pour ceux dont on dit qu'ils sont arrivés. Dieu merci, Bob n'avait besoin de personne pour lui corriger sa copie. J'étais sûr de sa valeur, de sa passion, du supplément d'originalité qu'il allait apporter à la rubrique, j'étais également sûr de sa témérité pour défendre une cause, un champion maudit, je l'étais moins de sa résistance aux agressions de la profession. Effectivement ses boucles charmantes et sa désinvolture, une garde-robe décrochée aux puces, ou dans un marché de village – on le vit une fois débarquer au journal en gros sabots de fermier, des esclops – sans parler d'une amitié entre nous qui ne jouait plus au travail mais dont nous ne pouvions nous cacher : que de prises au soupçon ! Et puis, a-t-on jamais vu dans cette corporation un type capable comme il le fit un jour à Houeillès, dans les Landes, d'entrer dans une auberge avec un copain et de proposer le marché à la patronne :

— Voyez-vous cette voiture devant la porte ? Elle vous plaît ? Elle est à vous contre un bon repas. Nous finirons en stop.

En attendant, Bob allait débuter dans un groupe dont j'ai la faiblesse de croire qu'il a apporté quelque chose à la réputation du canard. Il y avait là Henri Garcia, qui avait débuté à

Combat à l'âge de seize ans dans le sillage prestigieux d'Albert Camus. Il y avait Jean Marquet, qui passera plus tard à la télévision, Marcel Bordenave comme envoyé spécial permanent dans le Sud-Ouest, et des pigistes de qualité en la personne de Loys van Lee, Robert Duthen, l'ailier champion de France avec la Section Paloise de 1946, le troufion Édouard Seidler, les duettistes Fite et Durand, ainsi que François Oppenheim, la signature du journal la plus respectée aux États-Unis et en Australie, l'homme si effacé dont les dossiers faisaient autorité dans la natation du monde entier. Par parenthèse, nous avions là deux futurs directeurs de la rédaction, Édouard Seidler et Henri Garcia. La prochaine recrue sera Jean-Pierre Lacour, qui me dira des années plus tard, étant lui-même devenu patron des sports au *Figaro* :

— Nous avions tous envie de travailler dans votre groupe, il y avait un ton, de l'invention et de la gaieté.

En tout cas, nous étions au centre de tout pour une banale question de disposition des lieux. Dans cette grande salle commune qui regroupait, dans la tradition du quartier, les trois quarts de la rédaction, l'espace du rugby était tout simplement le plus proche des commodités, si bien que chaque collègue venant d'y procéder en urgence éprouvait le besoin supplémentaire de s'arrêter à notre table et d'y aller de son avis sur tout, sur la passe sèche avec ballon mouillé, sur la personne de Brigitte Bardot ou la politique algérienne. Cela tenait de l'arbre à palabre et de l'abri d'autobus, et je me demande encore comment, dans cette effervescence perpétuelle, nous pouvions rester concentrés sur notre sujet de rugby ou de Coupe Davis. Croyait-on à un retour au calme que ça repartait de plus belle avec l'arrivée de Loys van Lee :

— Salut, mes petites poupées d'amour!

Alors, là, on pouvait carrément ranger sa copie, il n'était plus possible d'écrire une ligne, on allait encore pleurer de rire jusqu'au moment où Jean Laffite, rédacteur en chef technique, responsable de l'horaire de sortie du journal, allait le supplier de nous laisser travailler. Mais Loys, l'exquis Lolo, depuis sa folle jeunesse au quartier Latin, champion des bains de minuit dans la fontaine Saint-Michel, des coups fourrés à plusieurs étages, avait un tel stock de souvenirs et de blagues qu'on ne perdait rien à attendre le lendemain. Dans le fidèle public qui était le sien à proximité de notre table, il y avait entre autres Georges Peeters, Raymond Meyer, Victor Sinet, André Guillois, Michel Constantin, le champion de volley-ball, et Michel Lis. « Mimiche »

Constantin deviendra une star de cinéma et Michel Lis, qui nous assurait la rubrique radio, deviendra à l'antenne le fameux « Michel le Jardinier ».

Georges Peeters, avec son éternel fume-cigarette à la bouche, son chapeau de feutre, ses complets sur mesure, était surnommé « le Baron » pour son goût du confort et ses fréquentations de fauteuils de ring. Pour chaque combat de Marcel Cerdan à New York, il voyageait par transatlantique et nous entretenait dans ses câbles de la longueur de ses déplacements en taxi, annonçant ainsi la note de frais qu'il allait présenter au retour à nos administrateurs, Patrice et Robert Thominet, que le nombre de nos envoyés spéciaux mettait à la torture.

L'un et l'autre, le père et le fils, ils faillirent mourir de saisissement le jour où Henri Garcia leur présenta sa petite facture, concernant un reportage sur la chasse au crocodile en Australie orientale. Mais comme je trottais pas mal, moi aussi, de par le monde, un jour Patrice Thominet, croisé dans l'escalier du journal, m'interpella avec humeur :

— Pas possible ! Vous êtes de passage à Paris ?

Une autre fois, ce fut Robert, le fils :

— Écoutez, je ne comprends rien à votre note de frais. Je vous ai fait une avance, vous gardez tout, je ne vous dois rien : d'accord comme ça ?

Il y avait de quoi s'y perdre, en effet. Avec Raymond Meyer et le photographe Roland Gota, nous revenions d'un reportage en voiture qui nous avait fait traverser tant de pays, France, Allemagne de l'Ouest, Allemagne de l'Est, Pologne, U.R.S.S., Tchécoslovaquie, et changer nos dollars en tellement de monnaies successives que notre note de frais, rédigée par Raymond Meyer, n'était absolument plus lisible, ce qui était plus ou moins le but recherché, il faut bien l'avouer.

On avait beau pester contre les patrons, leurs voitures de sport, leurs cocktails ; on avait beau tirer dans une catégorie réputée inférieure du journalisme, il était des sorts qui donnaient moins que le nôtre une petite idée de la grande vie. À titre de chef de service, on voyageait dans les meilleures conditions et je garde en particulier le souvenir réjoui de l'*Épicurien*, du nom de ce vol Paris-Londres que l'on prenait à l'heure du déjeuner. On attaquait au caviar avant le décollage et l'on arrivait à Heathrow airport en manquant une fois sur deux la première marche de la passerelle.

Un jour, nous prîmes même à trois la route du caviar ! Cette cavale en voiture jusqu'à Moscou, en 1957, était de celles qui répondaient à merveille à mes aspirations de reporter. Seul un grand journal pouvait l'organiser car ce n'était pas une affaire banale, à l'époque, que de passer le rideau de fer au volant d'une voiture que nul passant, même étourdi, ne pouvait manquer. C'était une DS Citroën, modèle révolutionnaire, tant par la mécanique que par le coloris, qui provoquait encore des attroupements aux Champs-Élysées, alors pensez à Berlin-Est ou sur la place de Smolensk ! En outre, nous l'avions bariolée de l'inscription en caractères cyrilliques « Place Blanche-Place Rouge », ce qui était le beau titre choisi par Marcel Hansenne pour le reportage à paraître dans notre magazine mensuel *Sport et Vie*.

— Est-ce qu'elle vole ? Est-ce qu'elle nage ?

C'est la question que l'on nous posa sur la route du caviar, qui allait de Brest-Litovsk à Moscou, si peu empruntée qu'il fallut, à plusieurs reprises, la dégager des montagnes de grain que les paysans y mettaient à sécher. Notre joli vaisseau, de couleur capucine, qui causa à Minsk une émeute d'un millier de curieux, on l'avait pris pour une soucoupe volante.

Le prétexte du déplacement était un grand rassemblement d'une dizaine de jours à Moscou, les Jeux de la Jeunesse, avec un tournoi de rugby au programme qui ne mérite qu'un silence pudique, même si quelques Moscovites doivent encore se taper sur les cuisses au souvenir d'une peignée monstrueuse entre Gallois et Roumains, les uns et les autres restés sourds jusqu'au bout aux coups de sifflet d'un arbitre au désespoir, le Toulonnais Ange Siccardi.

Mon scoop, mon beau scoop, c'est plutôt sur l'aire du saut en hauteur que j'allais le pêcher, le document photo de Roland Gota faisant largement foi. Le recordman du monde de l'époque, le Soviétique Youri Stepanov, marchait peut-être au jus d'orange, mais il usait d'un stratagème inédit, que nul Occidental n'avait remarqué. Il sautait avec un pied nu et l'autre chaussé d'une semelle épaisse comme un steak de 500 grammes, ce qui provoquait une claudication à peine perceptible dans sa course d'élan mais, au final, une aide incontestable à l'impulsion. Le procédé était ingénieux mais nullement blâmable, au sens où le règlement ne l'avait pas prévu. Dans le même ordre d'idée, on se souvient d'un tournoi de Roland-Garros où une raquette extravagante, à double cordage, produisant des effets incontrôlables, avait semé l'affolement dans le champ des participants. Ce modèle de raquette fut rapidement mis hors la loi. La

« semelle épaisse » de Stepanov fut également interdite à la suite de notre reportage.

— Je puis t'annoncer que tu n'auras plus jamais ton visa pour l'U.R.S.S., me dit Raymond Meyer, qui était un spécialiste des voyages à l'Est.

Raymond était le frère de Gaston Meyer, notre rédacteur en chef. Nous ne serions sûrement pas allés au bout du voyage, nous n'aurions même pas dépassé Berlin-Est sans ses subtiles entremises dans les ambassades et aux postes frontière. Le moment le plus saisissant de l'équipée fut l'arrivée devant ce qui fut le ghetto de Varsovie, dont il ne restait pas une pierre, rien qu'une morne étendue de poussière, hors de l'espace et du temps. Dans la voiture, nous étions pétrifiés d'émotion. Je vis une larme rouler sur la joue de Raymond Meyer.

— C'est ici que je suis né, nous dit-il.

* * *

— Alors, te voilà globe-trotter !

Celui qui m'interpellait ainsi par surprise, dans la cour de *L'Équipe*, n'était pas encore connu, mais il n'allait pas tarder à l'être sous le pseudonyme de Jacques Chancel, qu'il avait ramené d'Indochine. Il y avait fait ses premières armes, si j'ose dire, à la radio aux armées. Il avait une voix qui passait magnifiquement au micro mais, pour l'heure, la presse écrite avait sa préférence. Il empruntait la cour de *L'Équipe* pour accéder aux bureaux de *Paris-Jour*, où il tenait une colonne d'échotier. Je crois que son rêve était d'entrer à *Paris Match*. C'était le temps où l'on avait ou pas « une gueule à travailler à *Match* », une gueule à la Roger Vadim et à épouser Brigitte Bardot. Pour lors, c'était beaucoup plus gratifiant que d'entrer à la télé du père Sabbagh. Peu importe, on pouvait être sûr que Jacques allait percer quelque part. Il avait une puissance de travail à la mesure de ses ambitions. Jamais envie de dormir. Debout toute la nuit, à gamberger de nouveaux projets. L'un d'eux était la mise sur pied d'un rallye qui mettrait en valeur nos Pyrénées natales, lui sa montagne bigourdane, moi ma montagne béarnaise. Ce sera le fameux Rallye des Gaves.

—Tu ne veux pas l'organiser avec moi? me demande-t-il.

— Mon pauvre vieux, je n'aurai jamais le temps.

— Alors, tu n'as pas envie de retourner au pays?

—Tu plaisantes! J'y suis fourré sans arrêt.

L'idée d'un envoyé spécial permanent dans nos provinces du rugby m'était venue tout naturellement car nous ne cessions, les uns et les autres, de prendre un train du samedi à Austerlitz pour revenir pointer le lundi matin à la conférence sans avoir eu le temps d'épuiser le sujet rencontré le dimanche. J'avais d'abord proposé ce poste, rémunéré au tarif parisien, à l'éminent Robert Barran, ex-capitaine du Stade Toulousain, un temps viguier d'Andorre, que je savais dans la difficulté depuis la faillite du *Patriote* de Toulouse. Il m'avait répondu par retour du courrier, sur le ton de quelqu'un que ma proposition aurait presque insulté : « Jamais je ne travaillerai pour un journal capitaliste. » Il devait tenir parole, ne collaborant qu'à des organes du Parti communiste (à l'exception d'un rôle éphémère de consultant à la télévision). Il était en cela un homme exemplaire. Mais son engagement affecta parfois la sûreté de son jugement sur les hommes et sur les événements.

Je me souviendrai toujours du premier match du XV de France de l'autre côté du Rideau de fer, en mai 1957 à Bucarest. Nous étions une poignée d'envoyés spéciaux : Loys van Lee, Robert de Thomasson (alias Jacques Hertet), le tout jeune Renaud de Laborderie, Robert Barran et moi-même. Ma gorge se serre encore de la vision atroce d'une capitale européenne sous la terreur stalinienne. Trois jours entiers sans voir passer une automobile dans les avenues frappées de mort, où planait l'odeur de choux aigre de la misère, de la traîtrise et du désespoir. Des sentinelles soviétiques frappant à coups de crosse des passants pieds nus. Des boutiques ouvertes sur rien, des objets inutilisables, des guenilles d'autrefois. Et, dans l'une d'elles, la commerçante, une dame pleine de dignité, qui se jette à nos pieds et nous baise les mains en apprenant notre nationalité. Il n'est plus d'idéologie qui tienne quand on a vu, une seule fois dans sa vie, tant de détresse humaine considérée comme un moyen de régner.

— Avec moi, ils ont perdu une voix ! s'écriera notre inimitable pilier de mêlée, Amédée Domenech, qui se flattait pourtant d'avoir vendu *L'Huma* dans les rues de Bort-les-Orgues.

Mais Robert Barran ? Il avait occupé son séjour en marge du nôtre, étant probablement l'objet d'un traitement spécial de la part des autorités locales. Une seule fois il nous rejoignit, pour un dîner à l'hôtel qui fut encore plus lugubre et silencieux que les autres. Plus une bouchée ne passait quand on pensait au genre de repas que tant de malheureux, à la même heure, devaient confectionner avec des épluchures. Des années plus tard, on verra un autre de nos piliers de mêlée, Robert Paparemborde, prendre ses précautions avant chaque match à Bucarest et ne s'embarquer jamais sans un sac de châtaignes pour calmer la fringale. Mais en mai 1957, c'était pire que sous Ceauşescu, c'était la fin de tout. Et soudain, au cours de ce dîner funèbre, la voix de Robert Barran rompit le silence pour nous interpeller, avec une sincérité, une candeur à couper le souffle :

— Bon, alors, vous avez vu comme les gens ici ont l'air heureux de vivre ?

Il y avait même dans son propos quelque chose de triomphal, et c'était bouleversant, venant d'un homme par ailleurs si compétent et si perspicace. Chacun sait aujourd'hui que des princes de l'esprit se sont fourré dans l'œil un doigt bien plus gros que le sien. On est en droit de leur en vouloir pour avoir commis de graves dégâts dans les jeunes cervelles de leur temps, tandis que Robert aurait plutôt dit merde aux princes, se prenant seulement pour un homme libre de ses refus et de ses colères, libre aussi de chanter sa montagne natale et son rugby, et cela personne au monde ne l'en eût empêché, car là finalement était sa religion.

Barran s'étant désisté, mon choix se porta sur Marcel Bordenave, et c'est seulement plus tard que la coïncidence me sauta aux yeux : les frères Duthen, Barran, Bordenave, également Gabaig, ils avaient tous été mes aînés au lycée de Pau. J'avais connu Marcel Bordenave à Tarbes, où il avait créé une savoureuse chronique, « Au chat qui tousse », écoulant sans avoir l'air d'y toucher tous les commérages de la vie locale. De là l'idée de lui demander semblable chronique chez nous, cette fameuse « Lettre du cousin de province », datée de Cantaous-Tuzaguet et signée Léopold, où nous pourrions écouler sur le même ton farceur toutes sortes d'échos, de rumeurs, d'indiscrétions qui faisaient tout le sel du rugby d'alors mais que nous ne pouvions insérer en rubrique avec garantie de sérieux. Ainsi nous étions couverts aux yeux du patron et nous allions éviter le sempiternel reproche à la conférence de midi :

— Dites-moi, Lalanne, j'ai lu dans *Le Parisien* que Tartempion était blessé à l'épaule… j'ai lu dans *Midi Olympique* que Lapigne allait signer à Castres… et chez nous, RIEN ?

Car Jacques Goddet n'arrivait jamais à la conférence sans avoir lu le journal de fond en comble. Parfois l'on devinait que sa vie mondaine l'avait contraint à une courte nuit mais toujours l'élégance était sûre et la remarque justifiée, venant d'un journaliste dans l'âme, comme c'était le cas de la plupart des patrons de presse en ces années-là. Alors, bien sûr, la lettre de Léopold par sa rusticité devait parfois lui tordre le nez, mais enfin elle lui apportait la preuve que nous montions bonne garde, nous aussi, sur le front du rugby de clocher.

Somme toute, on se voulait là d'un grand sérieux professionnel par le moyen de la gaudriole systématique. J'avais choisi le nom chantant de Cantaous-Tuzaguet, j'aurais pu prendre celui de Lahitte-Toupière, le premier Bigourdan venu vous dira que ces villages existent. J'avais bien inventé le nom de Passaterre mais n'importe quel témoin de l'époque vous dira que le cri indigné de « Passe à terre ! » s'élevait à longueur de match dans chaque tribune du pays. Le spectateur qui hurlait « Passe à terre ! » passait pour connaître son règlement sur le bout du doigt. Il impressionnait toute la rangée de ses voisins, et plus encore lorsqu'il certifiait, avec un certain culot, « qu'il n'y a pas d'en-avant dans l'en-but ». Sous l'accusation de « passe à terre » on englobait en réalité une somme de forfaitures que l'arbitre négligeait de siffler contre l'équipe visiteuse. Tout a changé depuis que la passe à terre est devenue le fin du fin de l'attaque à la main…

Hormis le village de Cantaous-Tuzaguet et le personnage de Passaterre, la « Lettre du cousin de province », dont on me parle encore, était entièrement du cru de Marcel Bordenave, alias Léopold, époux de Mélanie, ami de Bougredane et de Bézuquet. Honnêtement, nul n'aurait dû me soupçonner d'en être l'auteur, car c'est souvent que Marcel, caisse de résonance des controverses de la semaine, également prisonnier de ses amitiés agenaises, écorchait méchamment André Boniface et « ses feintes de nombril ». Les Boni, ça rendait fous les défenseurs d'en face et tous les Bougredane au comptoir.

* * *

La rumeur du faubourg Montmartre s'accorde toujours aux combats de Marcel Cerdan, aux records de Marcel Hansenne et de Michel Jazy, au maillot jaune de Louison Bobet, aux dribbles de Raymond Kopa, et surtout aux grands samedis de Colombes, son parking rempli d'amis, sa buvette aux airs de guinguette. Mais un jour il sera question de la vétusté de notre stade olympique, de l'urgence à rebâtir un autre Parc des Princes. Un autre jour, tout aussi fatal, les installations du faubourg ne suffiront plus, ce sera pour le canard le grand départ vers Issy-les-Moulineaux. À croire que les deux destins sont liés et que certains lieux ont une âme,

« qui s'adresse à notre âme et la force d'aimer ». Salut, faubourg de Jacques Goddet, de Gaston, Marcel, Fernand, Henri, Bob, Lolo, Mimiche et tous les autres.

Lettre de M. Jacques Dumoulin, de Romans :

« Amoureux des livres sur le rugby, j'avais pris l'habitude de passer par la Librairie des Sports, au 10 du faubourg Montmartre. Quelle surprise lugubre lorsque, la dernière fois, je trouvai fermés la librairie et le portail de *L'Équipe*, avec des panneaux annonçant la construction prochaine de bureaux et de parkings. J'ai eu l'impression que disparaissait à jamais un monde où j'avais mes repères et mes plaisirs, où de merveilleux journalistes me procuraient des rêves de grand enfant et le parfum d'un *five o'clock tea*.

» Je m'adossai en face de l'immeuble, avec ses chères armoiries aux fenêtres, et mes yeux, je l'avoue, se remplirent de larmes. De retour chez mon hôte parisien, j'étais réellement malade, lorsque je fus soudain visité par une idée d'une simplicité déroutante. Des bribes du livre *Les Copains*, de Jules Romains, me revinrent en mémoire. J'allais sauver à moi seul l'esprit du 10 du faubourg Montmartre en allant décrocher du portail et des fenêtres les initiales légendaires du journal *L'Équipe.* »

Alors commença pour notre lecteur un véritable commando sentimental, dont nous résumerons les multiples épisodes. Une tentative clandestine, le soir même, avec tournevis électrique, tenailles et cœur en bataille, se heurta à la dimension et à la solidité de l'ouvrage. L'étape suivante consista à entrer en contact avec la direction de l'entreprise de démolition, à lui exposer les raisons d'un passionné de rugby de quarante-sept ans. L'attente fut longue de plusieurs mois mais enfin vint la lettre d'autorisation à produire au chef de chantier. Nouveau voyage en T.G.V. Cette fois, notre Romanais monte à Paris avec un outillage plus performant, contenu dans un sac rouge au nom de *L'Équipe*, « de quoi enfermer en retour toute la mémoire du sport ! ». De la gare de Lyon à la station Rue Montmartre, il fonce sans respirer.

« … Je remonte à la lumière, je vais retrouver mon destin, réaliser mon rêve de fou. Je chancelle en m'apercevant que le 10 du faubourg Montmartre n'est plus qu'un trou énorme. Je vais dénicher le portail enseveli sous un monticule de gravats. Tout était là, mon Dieu ! »

Ce fut un travail éreintant et plus dangereux à mesure qu'il fallut grimper dans les étages en ruine.

« … Enfin la dernière lettre céda et mon cri de joie se répercuta dans le faubourg. Après avoir serré la main des ouvriers narquois, l'épaule cisaillée par la charge, je m'arrêtai au café du coin pour boire à la santé de *L'Équipe*. Le regard bizarre du barman m'invita à descendre aux toilettes et, là, je m'aperçus que j'avais la tête d'un Gallois remontant de la mine. J'éclatai de rire et entonnai *Land of my Fathers*. Le lendemain, ce fut le retour à Romans. Mes enfants furent heureux de cette expédition, vécue avec toutes les fibres de mon être, et du récit de leur père, amoureux de la mémoire de l'homme, de ce qui peut en rappeler la force et la grandeur. À mon initiateur et mon guide dans le monde enchanté du rugby, je promets que ces lettres arrachées à une façade morte ne disparaîtront plus jamais. »

« Trou énorme », « façade morte ».

Qui donc disait qu'une lettre, une fois timbrée et postée, avait déjà perdu son esprit ? Jean Anouilh ? On lui en demande bien pardon mais, à relire cet exploit d'un monte-en-l'air sublime, en voilà au moins une, postée depuis longtemps, qui nous gratte la gorge et nous transporte encore au 10 de la rue du faubourg Montmartre.

▮ *Le Temps des Boni*, La Table Ronde, 2000.

HENRI GARCIA

Le trésor de l'honorable D.J. MacMyn

Oui, le rugby a quelque chose de mystérieux, d'envoûtant même. Celui qui n'a pas eu la chance de percer ce secret ne comprendra jamais rien à nos exaltations, à nos enthousiasmes, aux joies qui montent en nous, et il restera indifférent devant nos peines. Je crois que le rugby, avant d'être le grand sport que l'on sait, est surtout un état d'âme. Voilà pourquoi celui qui ne voit des rugbymen que les qualités physiques, trouvera incompréhensible, sinon puérile, l'attitude de l'honorable président écossais D.J. MacMyn, un soir de banquet à l'hôtel Lutetia, et pourtant…

Le XV de France avait bien commencé l'année. Certains dirigeants n'avaient pas aimé les éloges faits par la presse aux Tricolores qui, les premiers, étaient allés vaincre les fameux Springboks chez eux, en Afrique du Sud, dans leur antre inexpugnable, l'Ellis Park de Johannesburg. Toute cette gloire accumulée sur l'équipe de Lucien Mias agaçait ceux qui avaient ri sous cape en les voyant partir. On avait bien donné une superbe montre à chacun des héros, mais comme ça, sans cérémonie, dans la pénombre des vestiaires, comme on distribuait les biscuits vitaminés dans les écoles pendant l'Occupation.

Cardiff n'eût pas dessaoulé d'une semaine si les Gallois avaient été mêlés à une semblable aventure. Le Parlement néo-zélandais eût, à coup sûr, offert un monument si les All Blacks avaient réussi une telle entreprise. L'Angleterre, pourtant pudique et réservée dans ses transports non commerciaux, n'eût pas manqué d'anoblir le capitaine d'une pareille troupe, mais par on ne sait quelle pudibonderie, la Fédération française de rugby cachait ses héros comme des bâtards. À Mazamet on planta bien, à l'entrée du Stade de La Chevalière, un arbre d'une espèce rare, à la gloire de Lucien Mias ; Roques et Mommejat durent bien saluer du haut du balcon de l'hôtel de ville de Cahors les laborieuses populations du Quercy ; Toulon fit bien une souscription publique pour offrir une autre montre à Jean Carrère, mais ce ne furent là que des manifestations d'intérêt local.

Il paraît que certains membres influents et très cartésiens répugnaient à faire des singeries pour une simple victoire de rugby. En parlant de singeries, je pense tout à coup que Serge Saulnier, directeur de cette tournée, était surnommé le Gorille, simplement parce qu'il était un peu ours. On dit même, mais que ne dit-on pas, qu'il était mal vu de certains de ses pairs du Comité Directeur et que ceux-ci... mais chut! ne perçons pas les secrets d'États fédéraux.

Une chose est certaine : aux deux matches de sélection qui suivirent cette tournée historique, nous vîmes les « Sud-Africains » divisés, contre leur gré. Il fut très fortement question de mettre Roques à la retraite des vieux, ainsi que quelques autres du « syndicat sud-africain ». Il n'en fut rien, Dieu merci, car les membres de ce syndicat menacèrent de se retirer en bloc. Voilà pourquoi les « Sud-Africains », solidement regroupés, ouvrirent brillamment le bal du Tournoi en ce 10 janvier 1959. Le public de Colombes put, ainsi, voir le pack de Lucien Mias forcer la victoire et convaincre tous les sceptiques que la voie du rugby français était toute tracée dans le prolongement de la tournée sud-africaine. La magistrale démonstration des avants tricolores avait atteint son double but. La victoire amena la réconciliation générale.

Le banquet qui suivit fut joyeux, en vérité. Lucien Mias s'évadait de la table officielle pour venir, le verre en main, relancer les solides chœurs gascons. Après avoir donné une leçon très britannique aux Écossais, notre capitaine se comportait en parfait Anglo-Saxon. Il savait fort bien alterner la politesse compassée avec le laisser-aller rabelaisien, que nos amis d'outre-Manche aiment déployer à la fin d'un bon repas, ce qui, hélas, ne leur arrive pratiquement qu'en France.

Lucien, buvant sec et chantant fort, avait animé cette soirée très réussie. Après les chants pyrénéo-estudiantins des Tricolores, l'arbitre, le minuscule et malicieux Gwynne Walters, avait tenu aussi à nous montrer ses talents de société. Avec des airs de premier communiant sollicité de pousser la chansonnette à la fin d'un repas familial, il avait délogé de l'estrade le trio musical de l'établissement. Ce n'était pas dommage, car ces sacrés violoneux nous exécutaient au propre et au figuré, pour la nième fois, *L'Auberge du Cheval Blanc*, *Rose de Picardie* et *Le Marché persan*, les grands classiques de l'endroit, à la grande joie de mon ami Loys Van Lee, un mélomane, qui ne se lasse pas de les entendre, et qui a vu défiler plusieurs générations d'internationaux : Guy Basquet maigre comme un pique-feu, Jean Prat en culottes courtes, André Verger avec des cheveux, et Géo Villetan jeune premier du journalisme sportif. C'est vous dire qu'il en a vécu des banquets au Lutetia. Selon ses statistiques, il a subi 52 *Auberge du Cheval Blanc*, 50 *Marché persan* et 48 *Rose de Picardie*. À deux banquets par an, trois les grandes années, nos amis britanniques ne peuvent qu'apprécier ce respect de la tradition.

Donc, la soirée était très réussie. M. Gwynne Walters, notre chevalier du sifflet, susurra des mélodies gaélico-écossaises, et il fut très applaudi par tous les convives.

Au discours en français du blond capitaine écossais Greenwood, Mias répondit comme jamais ne l'avait fait un capitaine du XV de France, c'est-à-dire par une spirituelle allocution en anglais. Cette fois nos derniers complexes d'infériorité vis-à-vis des Britanniques disparurent et, pour fêter cela, nous tordîmes le cou à quelques flacons de bonne société.

Nous étions dans la chaude euphorie des soirs de triomphe, et je me disais que cette fois, peut-être, verrais-je enfin mon rêve s'accomplir. À chaque banquet, j'espère cet événement, et par un curieux hasard, il est chaque fois évité de justesse. Après les discours, dans la salle plongée dans l'obscurité, la cohorte des garçons s'avance en monôme, portant au-dessus de leur tête des bombes glacées sur des plateaux lumineux. Et chaque fois, je me prépare à une catastrophe chaplinesque. Car enfin, il suffirait d'un rien, d'une jambe tendue au travers du passage, pour assister à une chute générale avec projection de glaces à la vanille, au chocolat ou à la pistache sur la longue table officielle, crénelée de smokings noirs.

Ce samedi-là, les garçons furent sauvés par l'honorable D.J. MacMyn. Lorsqu'on le vit se lever de table, le visage cramoisi, on crut qu'il allait nous servir l'inévitable discours de dirigeant britannique qui a autant de mal à faire passer l'amère pilule de la défaite, que le pouilly-fuissé ou le mouton-rothschild. Mais nous nous trompions tous.

En quelques secondes, un silence irréel figea l'immense salle de deux cents convives chahuteurs. L'honorable D.J. MacMyn, ancien troisième ligne de l'équipe d'Écosse et président de la Scottish Rugby Union cette année-là, défit un petit paquet. Il déploya un maillot délavé. Un étrange fluide dégrisa l'assistance.

— Ce maillot, c'est mon trésor de rugbyman, dit M. MacMyn. Depuis trente ans je le garde pieusement. À la fin du match Paris-Londres de 1927, j'avais échangé mon maillot avec celui de mon valeureux adversaire, Yves Du Manoir, ce gentleman incomparable, et ce sportif parfait. Ce maillot qui porte le numéro 10, c'est le sien. Quelques semaines après Paris-Londres, je revins à Paris pour jouer France-Écosse où j'espérais retrouver le capitaine de l'équipe de France, Yves Du Manoir, devenu mon grand ami. J'appris qu'il n'avait pas été sélectionné pour le match. L'Écosse gagna par 15 à 6 et j'eus la chance de marquer un des cinq essais écossais, peut-être parce que Yves Du Manoir n'était pas en face de moi. À la fin de la rencontre nous parvint l'affreuse nouvelle : l'aviateur Yves Du Manoir s'était tué le jour même, il avait vingt-trois ans, son avion avait percuté un arbre.

Ce maillot je l'ai conservé chez moi pendant trente-deux ans comme une relique. Aujourd'hui je veux donner à la Fédération française de rugby le témoignage de l'amitié écossaise, aussi je vous offre ce que le sport m'a laissé de plus précieux : le maillot d'Yves Du Manoir. Qu'il soit le symbole de la fraternité qui unit nos deux fédérations.

M. MacMyn donna le maillot au président Crabos et s'effondra sur sa chaise. René Crabos serra sur sa poitrine la relique qui avait appartenu à son frère d'armes, et pleura.

Ceux qui n'ont pas eu la chance de percer le secret du rugby n'auraient rien compris à cette scène, mais nous étions deux cents convives dans la salle, qui sentîmes, en même temps, notre gorge se nouer. Et pourtant, beaucoup n'étaient pas nés le 2 janvier 1928, lorsqu'à Reuilly dans l'Indre dans un matin froid et brumeux, on extirpa de sa carlingue le corps brisé du lieutenant Yves Du Manoir. Il avait été capitaine du XV de France à vingt-deux ans.

▮ *Les Contes du rugby*, La Table Ronde, 1961.

DANIEL HERRERO

Le combat des combats

Chez nous, on lisait régulièrement *L'Huma*, mais les livres avaient oublié de visiter notre chaumière. Mes parents étaient trop occupés à trimer le jour pour rassasier la marmaille et, la nuit, à dormir pour apaiser leur corps harcelé.

Je vivais mon temps libre dans la rue, à taper dans une balle dégonflée, ou dans mon lit, à rêver de courses dans le grand stade. Les rares livres qui m'écorchèrent les mains avaient élu domicile permanent dans mon cartable, lequel servait de ballon dans la cour de l'école en attendant l'heure de la cantine indécente.

Un jour, mon frère aîné, déjà joueur consacré, sortit de son sac de sport un livre bleu et blanc. Une vieille chaussette raidie par la sueur en masqua un instant le titre… *Le Grand Combat du XV de France* de Denis Lalanne. J'étais tombé dessus par inadvertance et m'y plongeai avec délectation. *Le Grand Combat* fut ma première vraie lecture. Il devint mon ami, mon jardin secret, une caverne merveilleuse, un embarcadère pour terres lointaines. Une rivière d'eau claire qui lentement m'entraînait jusqu'à l'océan, dégageant les frontières qui enserraient ma tête. Les gros cordages de chanvre et de sang espagnol qui m'arrimaient au port d'attache allaient être rompus.

En 1958, au cours d'une tournée en Afrique du Sud, les hommes bleus du XV de France l'emportèrent sur les hordes sud-africaines. À lire leurs exploits, je devenais membre de la troupe, mon organisme en était génétiquement modifié… C'était énorme ! Pour la première fois, les coqs français dominaient les Springboks, ces gazelles pachydermiques et anthropophages.

L'équipe de France était commandée par ce type cubique et édenté répondant au nom de Mias, celui-là même qui m'avait fait rêver des nuits entières. Il s'enfilait des quartiers de bœuf charolais au petit déjeuner, saoulait ses hommes au cognac des Charentes avant l'entrée sur le terrain et buvait des barriques de vin à la mi-temps. Ce Barberousse d'Ovalie avait sous ses ordres des flibustiers sans peur, des rustauds sans état d'âme qui chantaient *Montagnes Pyrénées*, le *Se canto*, ou encore *Beth Ceu* dans les vestiaires et qui, chaque jour de la semaine, dévoraient charcutaille et tête de veau vinaigrette.

Les prouesses de Roques, Quaglio, Lacaze « le papillon » et Danos « le pianiste » cultivaient mes terres en friche. La bravoure de Jean Barthe, que seuls les vainqueurs de l'Himalaya ou du cap Horn pouvaient égaler, devint pour moi la référence, le mètre étalon.

Un jour que les nuages noirs griffaient la pelouse du stade et que le ciel mourait d'envie de pleuvoir, l'équipe de France se tenait prête à affronter le North Transvaal, un gang de king-kong sans cervelle. Jean Barthe récupéra le ballon du coup d'envoi comme une hostie empoisonnée, et faisant face à cette horde préhistorique, il refusa de crier « marque ! » et il traça sur 50 mètres un sillon sanguinolent dans la défense adverse, avant de s'écrouler dans l'en-but Springboks. Jamais je n'imaginerais d'essai plus fou dans mes nuits ovales…

Quelques années plus tard, dans le sillage d'un grand frère ardent, je fus confronté pour la première fois aux questions des journalistes : « Quel est votre joueur préféré… à part votre frère ? » Je m'entendis répondre « Jean Barthe » ! « Mais l'avez-vous vu jouer ? » « Non, mais ce n'est pas important, je le connais par cœur ! »

Comment leur dire que j'avais lu ses exploits dans le seul livre de ma bibliothèque. Et que la nuit… j'avais joué avec lui et ses acolytes des matches terrifiants en Afrique du Sud…

▮ *L'Esprit du jeu, l'Âme des peuples*, La Table Ronde, 2001.

HENRI GARCIA

Une chance sur un million

Il se tourna vers la table de nuit pour écraser son mégot et il découvrit que l'énorme cendrier réclame était plein. Bon Dieu ! qu'est-ce qu'il avait pu bombarder depuis le repas de midi ! Mais quoi faire aussi dans cette petite chambre sous les combles de l'Hôtel Louvois ? Par la fenêtre mansardée Michel Vannier fixait, sans le voir, l'océan gris des toits de Paris. Un piaf effronté vint le tirer de sa rêverie. Que faire ? Bon Dieu, que faire dans cette piaule ! Le transistor, les romans de la Série noire, *L'Équipe*, le paquet de gitanes, bornaient depuis des semaines le médiocre cadre de sa condition d'invalide. La vie vous réserve de sacrés retours de flamme.

Il avait eu trop de chance, depuis qu'il avait gagné le concours du jeune rugbyman. International junior, sélectionné militaire et, enfin, membre à part entière du XV de France, on ne comptait plus les points qu'il avait apportés au Racing Club de France ou aux Tricolores par sa fameuse botte. Il était justement en pleine bourre, à la fin de la saison 56-57. Il avait sauvé l'équipe de France à Bucarest. Face à la Roumanie et devant cent mille spectateurs, il arracha une pénible victoire 18-15, par 15 points dus à son pied gauche.

Maintenant avec ce célèbre pied gauche et une paire de béquilles, il pouvait tout juste claudiquer jusqu'à l'ascenseur. De temps en temps, aidé par le portier, il allait s'asseoir avec les vieux et les gosses dans le square devant l'hôtel. Mais le plus souvent, il devait rester là, allongé sur le lit avec cet énorme emplâtre qui lui paralysait toute la jambe droite des orteils au bassin.

Ah ! Il avait été bien gâté pour ses vingt-sept ans ! L'avant-veille, le 19 juillet, ce fut à Springs un rude match contre la sélection de l'Eastern Transvaal, du Natal et du Transvaal réunis. La France menait de justesse, 16 à 14, quand le ballon roula dangereusement vers l'en-but français et le Sud-Africain Coetzee fonçait pour marquer. Michel avança le pied et détourna le ballon mais, emporté par son élan, Coetzee venait s'abattre sur sa jambe tendue. Dans un éblouissement, le soleil, le stade, les joueurs, tout s'évanouit dans le gouffre noir qui s'ouvrait sous lui.

Pauvre pantin désarticulé, il ne vit pas le grand Mommejat, livide, s'agenouiller à son côté pour tenter de le ranimer. Le genou broyé, la jambe affreusement torturée, il avait été transporté, inconscient, en avion jusqu'à Johannesburg. Au General Hospital on l'avait accueilli comme un héros de guerre et l'un des plus grands spécialistes sud-africains, le professeur Jimmy Graig, l'avait opéré le jour de ses vingt-sept ans. Toute l'Afrique du Sud faisait des vœux pour que le brave « Frenchie » guérît. Il reçut un Saint-Honoré de cinq kilos, des bouteilles de champagne, du whisky, des chocolats, des cigarettes, un courrier de vedette car tout le monde voulait lui témoigner sa sympathie.

Dans la chaude ambiance de l'équipe de France, il n'eut pas le temps de se laisser gagner par le cafard. Ses béquilles donnaient même lieu à d'aimables plaisanteries dont il était le premier à rire. Sa seule hantise, c'était les puces. Lorsqu'une de ces bestioles se glissait dans son plâtre, il se grattait pendant des heures avec une aiguille à tricoter. Il croyait devenir enragé.

Il comprit la gravité de son état en débarquant à Orly. Finie la glorieuse tournée… Le père Lerou, « la mère poule du XV de France », l'avait embrassé avec des larmes plein les yeux, ses amis lui parlaient comme à un infirme. Et puis, les Tricolores partis, il était resté seul à leur quartier général de l'Hôtel Louvois. Une lettre de sa mère l'avait fait sourire. Pour éviter d'être sans cesse questionnés par les voisins sur la gravité de son mal, ses parents avaient quitté Verdun pour aller en vacances dans le Jura. Et puis, voilà qu'en inscrivant leur nom sur la fiche d'hôtel, le portier s'exclama : « Vannier ! Tiens, comme le joueur de rugby qui a été amoché en Afrique du Sud ! » Ils étaient alors partis cacher plus loin leur peine.

Le 12 septembre, enfin, à la clinique Rémusat, le bon docteur Martin retira le plâtre. Chirurgien passionné de sport, et plus particulièrement de rugby, le docteur Martin avait reçu le rapport de son collègue sud-africain. Il avait maintes fois examiné les clichés en couleur pris pendant la longue et difficile opération et il ne se faisait aucune illusion. Pour un sportif, une blessure au genou, c'est un rude handicap, mais pour un rugbyman, c'est presque toujours la condamnation, or Michel avait eu le genou complètement disloqué. Que pouvait-on alors espérer ? Une grande appréhension saisit le docteur Martin, au moment d'ouvrir ce plâtre. S'il s'était agi d'un accident comme tant d'autres, on eût pu considérer cette grave blessure comme bien terminée, peut-être, garderait-il un boitillement mais, avec une bonne rééducation, il marcherait, ce qui serait l'essentiel. Pour Michel Vannier, c'était à coup sûr une carrière brisée en pleine ascension. Depuis le temps qu'il examinait les Tricolores avant chaque match international, et qu'il pansait leurs plaies et bosses sur le bord de la touche ou aux vestiaires, des deux côtés de la Manche, le docteur Martin les connaissait bien, ses joueurs de rugby. Il les aimait comme des gosses, et plus particulièrement Vannier. Ce « Brin d'osier », comme on l'avait surnommé à Paris, était un cas curieux.

Formé à Verdun, il était un technicien exceptionnel et pourtant le Midi lui tenait une certaine rigueur d'être Lorrain, de ne pas « être rugby » d'origine et d'avoir connu le ballon ovale trop loin de la mamelle pyrénéenne. Pourtant les Britanniques l'avaient consacré le meilleur arrière du monde. Ils appréciaient fort son allure générale racée, son adresse sur la balle, la puissance et la netteté de ses dégagements, son classicisme enfin. Mais n'est-ce point notre privilège, de toujours critiquer ce que les étrangers nous envient? Peut-être eût-il fallu que les Anglais missent en doute la classe de Vannier, pour que celui-ci devînt le plus populaire de nos arrières!

Il allait falloir cet accident stupide pour que l'on s'aperçût que la valeur de Michel Vannier n'était pas usurpée. Malheureusement ce serait trop tard, pensait le docteur Martin. Que faire ? Il fallait que Michel consentît à se plier à une sérieuse rééducation qui lui rendrait l'usage de sa jambe à défaut de sa place d'arrière du Racing et de l'équipe de France. Devait-on lui dire la vérité, le placer devant ses responsabilités d'homme ? Mentir au contraire, laisser l'enthousiasme d'une illusion entretenue, encouragée même, lui permettre de surmonter le handicap de l'infirmité ?

Le plâtre coupé, le docteur restait songeur en examinant l'étendue des dégâts. La jambe était atrophiée affreusement par deux mois d'inaction. Les muscles de la cuisse et du mollet avaient fondu, il ne restait que la peau et les os. L'articulation du genou, à côté de cette maigreur squelettique, paraissait énorme et immense, était cette cicatrice de 35 centimètres hachée par vingt-quatre agrafes.

— Alors, docteur, c'est moche ?

— Non, non, le travail a été très soigné.

— Dites-moi franchement, pourrai-je rejouer au rugby ?

— Mon petit Michel, cela ne dépendra que de toi.

Malgré son habitude professionnelle, il se sentait tout gêné de son mensonge, le bon toubib, mais il avait vu dans les yeux de Vannier une telle angoisse, qu'il n'eut pas le courage de lui avouer la vérité clinique. Elle était trop terrible.

Mû par ce virus journalistique qu'est la curiosité, mais aussi par la sympathie que j'éprouvais pour ce champion plein de gentillesse, ne se plaignant jamais de la critique, fût-elle injuste, je rendis visite à Michel Vannier le lendemain.

Dans la petite chambre il y avait le docteur Martin et Alain Matisse, masseur attitré du Racing et du XV de France. Michel était allongé sur le lit. En le voyant dans son survêtement de l'équipe de France, j'eus la sensation d'arriver pour une simple interview, la veille d'un match international.

— Vous arrivez bien, me lança le toubib. Vous allez assister à l'entraînement d'un nouvel haltérophile. Le rugby mène à tout, vous savez !

Je feignis l'amusement :

— Sacré Michel, on change de spécialité sans avertir les copains !

— Mais oui vois-tu, je me faisais vieux pour le rugby... Le docteur m'a convaincu, je vais prendre la succession de Rigoulot.

Lorsqu'il ôta le bas de son survêtement, j'eus un frisson. Cette jambe décharnée, cet arc de cercle rouge qui allait du bas de la cuisse au haut du mollet, ce tout petit haltère que Matisse attachait à la cheville, c'était insupportable.

Malgré toute sa volonté tendue, Michel ne pouvait pas décoller le pied. Matisse le massa avec précaution et Michel essaya à nouveau. Il serrait les mâchoires, crispait les poings et, avec une peine infinie, il souleva son pied de 2 centimètres, puis, épuisé, il laissa rouler sa tête sur le côté. Des gouttes de sueur perlaient sur son front.

— Bravo, Michel ! s'écria le docteur. C'est très bien, ça fonctionne. Maintenant il faut persévérer.

La jambe restait raide. Impossible de la plier, ni même de la fléchir. Matisse le massa encore longtemps et tenta de mouvoir légèrement l'articulation. Michel, pourtant averti de cette tentative, ne put retenir un cri.

— Allons, c'est assez pour aujourd'hui, il faut que chaque jour nous apporte sa petite amélioration.

— Tous les après-midi, Michel, nous passerons ainsi jouer les tortionnaires. Tu devras faire de longues séances d'assouplissement dans une baignoire de l'hôtel, après avoir soulevé des poids de plus en plus lourds avec la jambe. Dans deux mois, quand ça ira mieux, je t'emmènerai à la piscine.

— Mais, docteur, je nage comme un fer à repasser.

— Excellente occasion pour apprendre!

Cette première séance de rééducation avait vidé Michel de toutes ses forces, nous le laissâmes donc se reposer.

Sortis de l'hôtel, je demandai au docteur Martin son pronostic sur le cas Vannier.

— Pour un homme normal, une chance sur dix de marcher sans gêne, une chance sur cent de courir, une chance sur mille de faire du tennis et une sur un million de rejouer du rugby.

— Mais un champion, ce n'est plus un homme normal…

— C'est pourquoi j'ai un tout petit espoir que Michel pourra, un jour, faire un peu de course à pied.

— Et le rugby?

— C'est le dernier sport que Michel pourra pratiquer, et pourtant il espère tellement retourner un jour sur un terrain de rugby… Il m'en voudra un jour de lui avoir menti, mais voyez-vous, c'est grâce à cette espérance qu'il se pliera à l'impitoyable travail de rééducation qu'il doit effectuer pour retrouver l'usage de sa jambe. Je vais vous demander un service. Soyez un peu mon complice, venez le voir, faites un article sur sa rééducation. J'ai besoin qu'il croie que rien n'est perdu, qu'il n'est pas déclassé.

Ma complicité était acquise évidemment. Je suivis donc régulièrement la rééducation de Michel Vannier. Celle-ci fut longue, difficile. Jamais je n'aurais cru que le gentil Michel possédait de telles ressources d'énergie. Pendant des jours, des semaines, des mois, il lui fallut se battre contre son mal, contre lui-même. À chaque aube commençait un match pour la vie, la vie totale, celle qu'il s'était choisie. Cent, deux cents, quatre cents fois par jour, il s'efforça de lever avec sa jambe malade des poids de plus en plus lourds. Pendant des heures, dans une baignoire, il tenta d'assouplir son articulation du genou.

Matisse pliait, massait, triturait, malaxait, pommadait, et Michel transpirait, grimaçait, jurait et s'enfonçait les ongles dans la paume de la main. Lentement la vie passa des mains expertes de Matisse et de la volonté de Michel, dans cette jambe morte. Il put la fléchir et enfin la mettre d'équerre.

Il en fut ainsi pendant deux mois. Il marchait avec des béquilles et il lui était défendu de poser le pied droit par terre, car tout effort précipité eût risqué de détruire l'admirable travail du professeur Jimmy Graig, du docteur Martin, d'Alain Matisse… et de Michel Vannier.

Enfin on atteignit au terme de la première étape : la marche. Dans la petite chambre du Louvois Michel devait quitter la tête du lit pour atteindre la fenêtre, en tout quatre pas, qui allaient lui permettre de réintégrer un monde perdu.

Les premiers pas d'un bambin, c'est une aventure joyeuse, pleine de rires et d'exclamations. Mais ils sont graves, oppressants, les premiers pas d'un homme. Au pied du lit, j'attendais avec le docteur Martin et Alain Matisse, que Michel prît son élan. Tous les trois, nous avions la même angoisse au ventre.

D'un geste brusque, il jeta ses béquilles sur le lit. Un instant il resta là, debout, immobile. Quelques secondes, il eut peur de découvrir que ses sacrifices n'avaient servi à rien, qu'il resterait un homme diminué. Le front moite, avec d'infinies précautions, il fit un pas, puis deux, enfin il s'accrocha à l'espagnolette. En se retournant il avait le visage transfiguré. Nous sentions une douce chaleur nous envahir.

— Alors, Michel, ça va ? demanda le docteur Martin.

— Ça a l'air, docteur. J'ai peur de m'appuyer franchement sur ma guibole que je sens ankylosée, mais je ne souffre pas.

— Mon petit Michel, la guérison c'est parfois un long combat. Tu as l'habitude de lutter, alors accroche-toi.

Après ce premier voyage autour de la chambre, l'expérience fut réussie couramment.

— J'ai la conviction que tu pourras marcher normalement, sans la moindre gêne, lui annonça quelques jours plus tard le docteur Martin. Tu boites, ta cheville ne plie pas, mais, petit à petit, ce boitillement disparaîtra. Va passer trois semaines chez toi à Verdun. Prends des forces et, à ton retour, nous attaquerons la deuxième partie de notre programme.

Elles lui parurent longues, ces trois semaines de vacances qui l'eussent comblé naguère. Ce premier succès l'encourageait à reprendre au plus vite la terrible partie qu'il avait engagée.

À son retour, le docteur Martin l'attendait avec un nouveau plan de bataille.

— Si tu veux rejouer un jour au rugby, il faut que ta jambe retrouve son élasticité. Pour cela tu dois nager.

C'est pourquoi l'on vit arriver discrètement le docteur Martin et son patient à la piscine Lutetia dont Jean Taris était le directeur.

Michel Vannier apprit la brasse comme un débutant. Dire qu'il devint l'émule de l'ancien champion olympique serait sans doute exagéré, mais il est vrai que Jean Taris était passionné, émerveillé par la magnifique volonté de son illustre élève.

Grâce aux bienfaits de la natation, et pour la plus grande joie du docteur Martin qui est au S.C.U.F. l'ardent propagandiste des ébats nautiques, les muscles raides et atrophiés retrouvèrent leur souplesse et leur tonicité. Alors Michel Vannier changea de sport. Il retrouva l'athlétisme et Joseph Maigrot. Lui qui avait été un espoir du 400 mètres se remit à trottiner gauchement sur la cendrée. Le premier tour de piste, il crut ne jamais l'achever. Mais il le boucla avec rage, avec joie, car il luttait enfin sur son terrain à lui : le sport.

Le docteur Martin espaça ses visites, se contentant de le conseiller de loin. Pour lui la partie était terminée, ou presque, puisqu'il avait refait de Vannier un homme normal. Il pouvait courir, plus tard il pourrait jouer au tennis, n'était-ce point miraculeux ?

Pourtant, le bon docteur n'ignorait pas que, derrière cette victoire déjà prodigieuse, il y avait un autre combat plus colossal encore mais qu'il prévoyait inévitable : celui du rugby. Il savait bien que Michel ne pensait qu'au rugby. Rejouer n'importe où, en équipe réserve ou en équipe quatrième avec les « charlots », mais rejouer, retrouver enfin un ballon ovale avec cet extraordinaire sentiment de possession mâle qu'il procure, ressentir encore l'exaltation d'une percée, être responsable devant tous et devant soi-même. Le rugby, on y jette pêle-mêle ses forces, sa dignité, son orgueil.

Le rugby ! C'est ce mot magique qui avait soutenu Michel pendant des mois. Comment ne retournerait-il pas sur le stade ! Ce retour, le docteur l'attendait et le redoutait à la fois, car il savait bien que le rugby serait pour Michel Vannier le sport le plus difficile à atteindre. Il lui faudrait, non seulement une jambe solide mais aussi une confiance et un courage qu'il ne retrouverait qu'au terme d'un terrible corps à corps avec son appréhension.

***

Au début du printemps, les rugbymen du Racing Club de France furent ébahis en voyant pénétrer Michel dans leur vestiaire de Colombes ; on eût dit qu'ils avaient vu entrer un revenant. François Moncla, son vieil ami qui l'avait veillé comme un frère après l'accident de Springs, s'efforça, par quelques plaisanteries, de dissiper la gêne qui s'était installée. Bien qu'ils aient fait un effort sur eux-mêmes, les joueurs ne pouvaient s'empêcher de regarder leur camarade comme une bête curieuse...

Sur le terrain, il échangea quelques passes, puis il alla, comme autrefois, tenter des buts en solitaire. Sa course était faible car sa jambe droite manquait encore de muscles, en revanche son pied gauche n'avait rien perdu de son dynamisme.

La volonté, le courage manifestés par Michel Vannier soulevaient l'admiration de tous, mais son espoir de rejouer un jour au rugby donnait la même tristesse que la vision de ces déshérités qui, malgré toutes les lois du monde, réussissent à peindre en tenant leur pinceau entre les dents.

Tandis que Vannier sortait de son tunnel, le Racing Club de France entrait dans une fin de saison extraordinairement faste, puisque trois de ses équipes concouraient pour le titre suprême. C'est ainsi que le jour où la première accédait à la grande finale, en éliminant le F.C. Lourdes à Bayonne, Michel prenait le chemin de Poitiers où l'équipe réserve allait tenter de conquérir le titre de sa catégorie. Les réservistes s'inclinaient de justesse devant Biarritz (10-3) malgré une excellente rentrée de Michel Vannier.

Michel avait longuement mûri son plan. Tous les responsables du club étant mobilisés les uns à Bayonne avec l'équipe fanion, les autres à Vichy avec les juniors, il avait une magnifique occasion de tenter son coup d'État. La nouvelle fit quelque sensation et mis ainsi devant le fait accompli, Roger Lerou ne manqua pas de passer un bon savon à son protégé, mais, au lendemain d'un aussi grand jour, où le Racing se qualifiait pour les deux finales seniors et juniors, à la veille donc de connaître son apothéose, il ne put se montrer trop sévère.

En fait Roger Lerou était comblé.

Le grand retour de Vannier n'eut lieu qu'au début de la saison suivante. Le Racing recevait le L.O.U. au Stade Jean-Bouin. Lors de la finale des réserves, Michel avait franchi un pas énorme, mais il avait évité le dernier obstacle, le plus dur : le contact. Il y pensait constamment, c'était pour lui une véritable hantise. En rugby, le contact c'est l'épreuve de vérité et Michel n'ignorait pas que c'était là, au contact de l'adversaire, qu'il serait fixé sur son destin. Non, il ne supporterait pas une place de parent pauvre. Il voulait tout ou rien : reprendre son poste dans le XV de France ou abandonner le rugby, telle était la mesure de son ambition.

Dans les tribunes, nous avions le sentiment coupable d'assister à un spectacle malsain. Vannier était là, d'autant plus applaudi à son entrée sur le terrain en tête de l'équipe du Racing, que le public de Jean-Bouin est toujours au courant de tout. Nous savions tous que Vannier, au premier plaquage, à la première charge, pouvait s'effondrer sur le gazon, infirme à jamais.

Au début son travail fut aisé. Réceptions de volée, dégagements impeccables, était-ce possible que Michel fût resté un an sans jouer ? Et puis le Racing faiblit. Vannier reçut, dans son en-but, un de ces ballons pourris qui sont autant de cadeaux empoisonnés faits par une défense aux abois. Avant qu'il ait eu le temps de dégager, il fut emporté, enseveli, par le torrent adverse. Dans les tribunes, il y eut un frémissement de panique annonciateur de catastrophes. Nous attendions avec anxiété que l'amas humain se désagrégeât. Un à un les joueurs se dénouèrent. Il ne restait plus que Vannier au sol, était-ce la fin ou le renouveau ? Il se releva lui aussi, se frotta les reins, mit ses bas en ordre et reprit son poste à l'ultime défense. Au mois de janvier, Michel Vannier reprenait place dans le XV de France.

* * *

Cette année 1960 devait être l'une des plus glorieuses pour les Tricolores, qui, pour la première fois, terminaient le Tournoi sans connaître la défaite. Vannier mérita l'honneur qui lui fut fait, mais le public resta très partagé à son sujet. « Sans le départ de “Papillon” Lacaze chez les XIII, Vannier n’aurait jamais eu sa place dans l’équipe de France. Il y a dix arrières qui sont meilleurs que lui, mais on ne veut pas le savoir Cité d’Antin », disait-on. Cela n’était pas très juste car on oubliait, entre autres, le grand courage et la parfaite lucidité de Michel Vannier dans la brume de Murrayfield où ses multiples arrêts de volée, au milieu de la horde déchaînée des Écossais, brisèrent la remontée de la sauvage Écosse et préservèrent miraculeusement une mince victoire.

À la fin de la saison, trouvant en Bourgogne une situation de plus grand avenir, Michel quitta Paris et le Racing Club de France dont il avait porté les couleurs pendant dix ans, pour signer au modeste Rugby Club Chalonnais, qui venait d’éviter de justesse la descente en deuxième division.

Loin des yeux, loin du cœur. Cette fois, la carrière internationale de Michel Vannier était bien terminée. Il ne manquait d’ailleurs point de dauphins, notre « Brin d’osier » : son ami Debet qui avait pris sa succession au Racing, Goar du P.U.C., le Cognaçais Meynard son éternel remplaçant, le Tarbais Casaux capable de briller à toutes les places des lignes arrières, Claude

Lacaze de Lourdes, qui marchait allègrement sur les traces de son illustre frère, il y avait encore Davidou d'Angoulême, Carrère de Dax, Dedieu de Béziers et quelques autres. Il ne fallait surtout pas oublier le vieux Martine qui, après une glorieuse carrière comme centre et comme demi d'ouverture, voulait donner au poste d'arrière une signification nouvelle dans le très hermétique système offensif moderne. Martine suivait en cela la voie tracée par deux illustres ancêtres, Noël Baudry et André Melet, persuadés, eux aussi naguère, des immenses moyens offerts à un arrière qui ne serait plus un ultime défenseur dans la tradition classique des Britanniques, mais un chef d'attaque dont les interventions insoupçonnables devaient forcer le verrou adverse.

Effectivement, on oublia Vannier. À Bordeaux, au match de sélection France A-France B, il ne fut pas convié. Martine, ayant laissé entrevoir tout ce que le génie d'un grand attaquant pouvait apporter à ce poste, prit sa succession.

—Vannier n'est pas oublié, nous dirent les sélectionneurs, mais nous savons ce qu'il peut faire. Contre l'Écosse, qui est en principe notre plus faible adversaire, nous avons voulu tenter l'expérience de Martine arrière.

Pour leur retirer tout regret, Vannier se fit une légère entorse à la cheville trois semaines avant France-Écosse, ce qui lui valut d'être non point remplaçant, mais invité d'honneur, bien qu'il fût rétabli à temps. Cette nuance était considérée par beaucoup comme ces promotions soudaines de généraux à des postes de commandement suprême, qui, en réalité, veulent dire qu'ils ne commandent plus personne.

Le plan tricolore fut hélas assez mal respecté. D'abord, par on ne sait quelle mésentente, Martine eut beau s'intercaler, il ne vit pratiquement jamais le ballon ; ensuite l'Écosse, loin d'être notre plus faible adversaire, fut sans doute notre plus noble rival. Ainsi donc, le XV de France, tel le héron de la fable, fut tout heureux et tout aise de saisir une chiche victoire. Dès la fin du match, il était évident que face aux terribles Springboks, il ne serait pas question de prolonger l'expérience Martine arrière.

Après tout, il n'y avait aucun mauvais sang à se faire puisque le rugby français avait au moins dix arrières supérieurs à Michel Vannier. Le malheur voulut que la télévision retransmît, en différé, le lendemain de France-Écosse, un certain Angleterre-Afrique du Sud qui atteignit un sommet de violence légale. Présentés sous un jour aussi impitoyable, les fameux Springboks firent fondre soudainement le nombre des candidats à la responsabilité suprême. Ceux qui, la veille encore, étaient parés de toutes les qualités, se trouvèrent, regardés de plus près, fâcheusement incomplets. Celui-ci manquait de gabarit, celui-là n'avait pas assez d'expérience, un tel n'était plus en forme. Il fut vite évident qu'une fois encore on allait se tourner vers Michel Vannier. Mais n'était-ce pas cruel, alors qu'on l'avait jugé fini, de le rappeler pour affronter ceux-là mêmes qui l'avaient mis au bord de l'infirmité?

Le dimanche suivant j'allais à Chalon pour savoir où en était Vannier physiquement et moralement, à la veille du débarquement en France des Springboks, monstres sacrés qui nous arrivaient précédés de la plus fantastique des réputations. Les Sud-Africains que j'avais vus en Grande-Bretagne ne cachaient pas qu'ils voulaient, par-dessus leur impressionnante collection de victoires, obtenir la revanche sur le XV de France de leur défaite de 1958. Le Tout-Paris s'arrachait les billets pour cette corrida à ne pas manquer et toute la France vivait à l'heure Springbok.

À Chalon il gelait. Un soleil timide, mais de bonne volonté, n'avait réussi qu'à rendre le terrain mou. Face au R.C. Vichy, devenu un épouvantail du championnat, sous la férule de son vieux compagnon d'armes Gérard Dufau, Vannier allait être soumis à rude épreuve. Le matin, j'avais retrouvé un Michel toujours bon enfant, en dépit de ses fonctions de capitaine-entraîneur, mais animé d'une incroyable volonté.

— Les Springboks ? Mieux que n'importe qui, je sais que ce sera dur, très dur. Mais ceux-là je ne voudrais pas les manquer pour un empire. J'ignore quelles sont les intentions des sélectionneurs, pourtant, s'ils peuvent m'accorder une faveur, qu'ils me sélectionnent. Voyez-vous, si les Springboks veulent une revanche sur l'équipe de France, j'ai personnellement une revanche à prendre sur eux.

L'après-midi je vis, dans les difficiles conditions que l'on sait, et devant le superbe ensemble vichyssois, un irréprochable Michel Vannier arracher le match nul par un drop monumental de 45 mètres.

* * *

Les présentations furent vivement faites entre Tricolores et Springboks. La première mêlée eut d'étranges convulsions et Domenech mit un poing d'exclamation sur le nez de Du Toit. Conférence du souriant arbitre gallois Gwynne Walters. Remêlée, rebelote, reconférence où le toujours souriant Gwynne Walters affirmait aux deux capitaines François Moncla et Avril

Malan, que s'ils étaient décidés à continuer de se battre, il les renverrait terminer leur bagarre aux vestiaires. Assurément on n'avait jamais vu un match international avec une pareille entrée en matière. On vit rarement aussi une suite d'une telle intensité. Il est vrai que c'était entre les deux équipes la bataille pour la couronne mondiale du rugby.

Qui jamais eût osé prévoir, après son retour béquillant d'Afrique du Sud, que Michel Vannier serait un jour de ce combat de titans ?

La tactique sud-africaine était simpliste : faire porter à leurs magnifiques avants le poids de la rencontre et profiter de cette supériorité présumée du pack springbok, pour percer au ras de la mêlée. Mais tout le beau travail des avants d'Avril Malan, toutes les bonnes balles gagnées, c'était de la confiture donnée à ces cochons d'attaquants qui se nommaient Steward, Gainsford ou Kirkpatrick et qui vinrent, tout au long du match, s'empaler sur les plaquages de Crauste, Moncla ou Celaya.

L'autre manœuvre pour tenter de prendre en défaut la défense française consistait à taper de grands coups de pied à suivre sur Vannier, ces fameux « up and under » où le ballon monte si haut qu'il permet à la meute de venir massacrer le malheureux qui se trouve à la réception. Cette arme aussi s'avéra inefficace, car Michel Vannier fut extraordinaire. Magnétisé par son désir de revanche, il fit un véritable récital. Ne manquant pas une balle, malgré le pilonnage constant, toujours bien placé, donnant de l'air à l'équipe de France par d'impressionnants dégagements, brisant les rushes sud-africains par des arrêts de volée de grande autorité et de fier courage, clouant sur place le borgne Pelser qui fonçait vers l'essai, Michel Vannier fut pour cinquante mille spectateurs et des millions de téléspectateurs exaltés, le héros des héros dans ce match au sommet.

« Fantastic, Marvellous, Magnifique Vannier ! » s'exclamaient dans la tribune de presse nos confrères britanniques.

Ce jour-là, tandis que le XV de France gardait la couronne mondiale en tenant en échec les invincibles Springboks, un groupe de jeunes méridionaux se saisit de Michel Vannier et le porta en triomphe.

D'un seul coup il avait triomphé de tout, des Springboks, de sa jambe disloquée, de ceux qui ne voulaient pas l'admettre comme le meilleur arrière de France, des sélectionneurs qui le croyaient fini et du terrible combat qu'il avait dû mener contre lui-même et d'où il était sorti grandi.

Michel Vannier pénétra dans le tunnel, chavirant de bonheur et, en l'étreignant au vestiaire, j'entendais les paroles du bon docteur Martin au retour d'Afrique du Sud : « Pour un homme normal une chance sur un million de rejouer au rugby… »

▌ *Les Contes du rugby*, La Table Ronde, 1961.

PAUL KATZ

Supporter inconnu

Tout en trottinant, Herrero jeta un coup d'œil furtif vers les buissons, sur sa droite. Comme d'habitude, le gosse était là. Pourtant, les lacis du mont Faron étaient inondés de soleil. La chaleur était torride et Herrero sentait la sueur lui couler sur la nuque, le front, le cou.

— Vas-y André, continue. Ne te décourage pas.

Et comme chaque matin, Herrero, soufflant comme un phoque, répondait par l'habituel :

— Merci petit. T'en fais pas, je continue.

Silhouette et visage de gladiateur, avec ses épaules et son torse droit, ses cheveux bouclés, l'œil bleu et dur éclairant des traits de pâtre grec, André Herrero, entraîneur et deuxième ligne de Toulon, fut l'une des figures de la plus grande équipe de France que notre rugby ait connue : la glorieuse phalange de Michel Crauste qui, avec

Gruarin, Berejnoi, Cabanier, Dauga, Rupert, Gachassin, les Boniface, Lacaze, Darrouy, enchantait les publics du monde entier par son jeu intelligent, audacieux, rude et spectaculaire.

Mais, alors qu'il n'était encore qu'un espoir, Herrero avait eu la jambe fracturée au cours d'un match. Quelques mois plus tard, alors qu'il venait de recommencer à jouer, la jambe avait cédé à nouveau. Herrero, fils d'Italien, était un garçon tenace, accrocheur, dur à la douleur, qui aimait le rugby et se savait appelé à un noble destin. Ce nouveau coup dur l'anéantit. Pourtant, la fracture résorbée et à peu près guérie, il se remit à la rééducation avec une incroyable volonté, que l'on ne soupçonnait guère sous un tel climat et chez un aussi beau garçon, que les femmes regardaient du coin de l'œil avec des airs aguicheurs.

Mais Herrero connut aussi de terribles moments de découragement. La jambe tardait à retrouver la vigueur passée. Le souffle ne revenait pas. Bref, Herrero trouvait de plus en plus dure sa rééducation et, au fond de son esprit, une idée qu'il ne parvenait plus à chasser tout à fait se faisait lancinante et tentatrice.

« À quoi bon, André, tous ces sacrifices ? Pourquoi t'esquinter comme ça ? Souffrir de cette façon ? Pour rejouer au rugby ? Peuh !

Est-ce que cela vaut tant de peine ? Est-ce que cela mérite tant de douleur ? Que tu y sacrifies ta jeunesse ? Les plus belles années de ta vie ? Espèce de couillon. Tu ne serais pas mieux, en train de faire le beau avec une jolie fille, plutôt que de faire le zèbre et par une chaleur pareille, sur ce bon Dieu de chemin ? Peuchère ! Le rugby ! Et puis, qui te dit que même guéri tu deviendras un grand joueur ? On te l'a dit ? Qui ça ? Ton entraîneur ? Tes dirigeants ? Tes coéquipiers ? Les journalistes ? Et alors ? Es-tu certain qu'ils aient raison ? Qu'ils n'aient pas cherché à te faire plaisir ? Qu'ils s'y connaissent vraiment ? Et s'ils se trompaient ? Si tu n'avais l'envergure que d'un modeste joueur de sous-préfecture ? Tu aurais bonne mine, de faire tous ces efforts, tout ce tintouin, pour un si modeste résultat. Allez, imbécile, rentre à la maison. Ne joue pas au héros. Occupe-toi de te faire une situation. De trousser quelques jolies filles. Et ne fais plus le fada, par cette chaleur, dans cet endroit. Il est temps d'avoir du plomb dans ta cervelle de moineau. »

Mais, malgré le doute qui s'était fait insidieux et lui martelait l'esprit, malgré le point qu'il sentait naître à son côté, malgré les tiraillements qui harcelaient sa jambe, André Herrero trottinait, suait, soufflait. Et courait.

Un jour, pourtant, épuisé, découragé, il faillit s'arrêter, faire demi-tour, rentrer chez lui et envoyer au diable tous ses rêves de gloire et ses ambitions. Mais alors qu'il commençait déjà à ralentir, il entendit une petite voix cristalline monter vers lui. Une attendrissante voix d'enfant.

— Allez André, c'est bien. Continue. Ne te décourage pas.

Herrero tourna la tête et aperçut un curieux petit bonhomme, de dix ans au plus, qui l'applaudissait, l'encourageait, lui souriait.

Et il continua de courir.

— Tous les jours à la même heure, se souvient André, le petit garçon était là, au même endroit. Avec les mêmes mots, il m'encourageait. Et je peux bien l'avouer maintenant, je crois que si ce sacré bonhomme n'était apparu, j'aurais abandonné. C'est lui, sa confiance naïve, la peur et la honte de le décevoir qui, dans ce moment décisif, m'ont donné la force de persévérer et m'ont empêché de tout planter là. C'est ce petit garçon inconnu qui m'a sauvé.

Herrero n'a jamais connu le nom de cet étrange supporter. Il ne l'a jamais revu. Un jour, André fut rétabli, alla s'entraîner ailleurs, revint. Mais trop tard. Le petit garçon avait disparu. Herrero ne devait plus avoir de ses nouvelles. Et le petit garçon ignore toujours sans doute, que si Toulon a un entraîneur-capitaine, deuxième ligne exceptionnel, si l'équipe de France a tant reçu d'André Herrero, c'est un peu à un gamin de dix ans qu'ils le doivent.

▮ *Sacrées Bourriques ! Les gladiateurs du rugby*, La Table Ronde, 2007.

GEORGES PASTRE

Ils étaient trois maillots de sang…

Le 11 septembre 1964, trois grands joueurs de l'Union Sportive Dacquoise : Raymond Albaladéjo, Émile Carrère, Jean Othats, international, trouvent la mort sur une route landaise, près de Lespéron, en rentrant d'un match. L'auteur, alors grand reporter à Midi Olympique, *fit ce compte rendu de la veillée funèbre et des obsèques, dans le stade.*

Vendredi soir, 21 heures, au stade municipal de Dax.

Le ciel est tendu de noir avec les larmes d'argent des étoiles. L'Adour frissonne aux lumières indécises. Le stade est là, tout près ; il fait partie de la ville et, ce soir, il s'éclaire aux cimaises.

Sur les terre-pleins de ses abords, devant les villas où les roses respirent la fraîcheur de la nuit, des voitures, beaucoup de voitures. Pour quelle effroyable « nocturne »!

Ils sont là, « chez eux », comme nous le dira Desclaux tout à l'heure : Raymond, Émile, Jean.

L'entrée principale de la tribune d'honneur est devenue, depuis le crépuscule, une chapelle ardente. Chaque pouce carré de ciment est caché d'une fleur.

Les trois cercueils reposent, égaux.

Et, dans la pénombre, trois maillots rouges, avec ces numéros : 13, 15, 11, saignent. Pierre, le frère douloureux, l'ami, le capitaine aussi, les a posés lui-même sur le chêne, après un baiser. Ils saignent, mais ils vivent, ils éclatent. Et ils nous disent, comme jamais encore nous ne l'avions senti à cette hauteur, l'immense force de résurrection, d'espérance que ce sport que nous aimons ici peut libérer, quand nous en avons besoin.

En cette nuit funèbre, nous sommes nombreux à en avoir besoin. Pierre, droit, les yeux perdus dans le souvenir, garde les trois amis. Il en a besoin. Les trois jeunes veuves, qui ramassent leur douleur sous le voile, assises jusqu'au petit matin, auprès des corps brisés des pères de leurs enfants, en ont besoin. Ces parents – ah! comment oublier ce visage de supplicié du papa de Jean Othats ! – en ont besoin. Les camarades des morts en ont besoin : ils veillent, debout. Au premier rang, comme sur le terrain dont l'herbe recueille en ce moment la rosée de la nuit, Bérilhe, tutélaire, semble vouloir protéger encore « les petits ». Lasserre, l'international, debout depuis des heures, a fermé son visage aimable. Bérho est là, d'autres aussi, plus jeunes ou plus obscurs pour l'heure. Et toute l'équipe de l'U.S. Dacquoise n'est pas loin. Le président René Dassé en a besoin, qui est obligé d'accueillir, d'organiser, malgré sa peine de père. Dax enfin en a besoin. Il faut avoir vu défiler toute la nuit les Dacquois devant les cercueils pour savoir comment une population entière a partagé le malheur de trois familles et d'un club.

Une à une, un à un, Dacquoises et Dacquois s'avancent et bénissent, trois fois trois fois, leurs champions morts, leurs amis pour beaucoup d'entre eux puisque Raymond, Émile et Jean ont toujours vécu ici. Quand ils reposent l'aspersoir dans son vase d'argent, le métal tinte ; une autre main pieuse le reprend aussitôt, bénit, le repose ; ainsi, toute la nuit, tintera ce glas.

On n'entend que lui et les grillons de la fin de l'été, dans le champ où ces morts aimés ne courront plus. Mais parfois, un sanglot de mère qui remue ses songes, ou d'épouse qu'émeut un souvenir plus doux que les autres, monte dans la nuit affectueuse.

Samedi matin, 10 heures, au terrain d'honneur du Parc des sports.

La veillée funèbre a appartenu aux familles des trois morts, aux amis, à l'U.S. Dacquoise, à la ville de Dax. Mais, ce matin, il leur faut s'effacer un peu pour laisser le Rugby de France prendre sa part de deuil.

La solidarité de ceux qui, entrés un jour de leur jeunesse dans notre cercle, ont su tout de suite qu'ils ne pourraient plus jamais en sortir, a été si considérable après le drame qu'il est apparu indispensable de demander au clergé d'accepter la plus haute des cathédrales. Un stade.

Ils sont venus de partout, comme pour une immense mêlée ouverte formée au point où trois des leurs venaient de tomber à terre, mortellement atteints. Internationaux de l'heure ou du passé, joueurs connus ou inconnus, qu'importe ! Dirigeants, arbitres, nos confrères aussi, et tous les amis obscurs de notre jeu, ils viennent au coude à coude.

Pour les trois joueurs qui ne sont plus, ils ont coupé des fleurs par milliers. Autour de l'autel, drapé de rouge et de blanc, elles apportent le délicat témoignage de notre universelle amitié. Les trois disparus ont loyalement servi le Rugby, ils le servent encore par leur mort parce qu'ils auront permis de montrer au pays tout entier que nos turbulentes querelles s'oublient sans laisser de traces, dans une piété commune, quand de nos amis sont malheureux.

Ils sont là et ils attendent, recueillis, innombrables.

La marche de Chopin emplit le stade de sa grandeur tragique.

Alors, par le portillon d'accès, celui-là même qu'ils ont emprunté, vivants, tant et tant de fois pour notre joie, ils l'empruntent, morts, pour notre peine. Derrière le Crucifié, le premier cercueil apparaît, porté sur des épaules amies : Raymond. Émile suit. Et puis c'est Jean. Lentement, ils arrivent. Le ciel, juste à ce moment, laisse tomber ses larmes ; tout de suite, il redeviendra pur. Une indicible émotion étreint les mieux cuirassés contre l'affliction. Les trois cercueils sont posés sur les chevalets, entre l'autel et les familles confondues. Les joueurs de l'école de rugby, trente peut-être, dont le premier maillot porte un brassard de deuil, présentent, sur leurs bras, les gerbes des sections du club.

Pierre est au centre, seul, droit, gentleman de la douleur.

On met des noms sur ces visages fidèles : Desclaux, les deux Lasserre, Bérilhe, Cassiède, Bérho, Bénédé, Contis, les Darbos, d'autres encore, triple garde d'honneur pendant que durera l'office des morts.

Le célébrant, parmi les prêtres, saura trouver des paroles apaisantes et, de la tribune, les voix du chœur s'élèveront dans la cathédrale sans voûte, pour chanter leur prière.

Et puis, sur les larges épaules des copains, les trois amis quittent le terrain de leur grand jeu d'homme, à jamais. Les poteaux, de part et d'autre, se dressent comme des lances fichées en terre pour honorer des guerriers morts. Et les gosses en rouge restent les derniers, seuls, auprès des fleurs, comme doit demeurer l'Espérance.

La foule, recueillie, suivra les corps de l'autre côté de la grande tribune. Elle n'a pas fini sa peine : le président Dassé laissera sortir de son cœur des paroles à la fois si simples et si nobles que l'assistance se retirera bouleversée, derrière les familles qui, maintenant, vont reprendre leurs morts pour les accompagner à leur dernière terre.

Les trois jeunes veuves passent, fragiles. Le Rugby leur a pris leur époux. Si l'une d'elles se révoltait soudain et éclatait en imprécation, personne n'aurait rien à redire.

Mais non! Elles s'en vont en serrant contre leur sein quelque chose qui saigne sur leur robe de veuve : un maillot.

■ *Les Ovaliques*, La Table Ronde, 2007.

ANDRÉ BONIFACE

Une étoile brillait

Samedi 27 mars, 15 heures. Colombes était prêt pour la fête sous un soleil printanier. Dans le tunnel, Guy avait posé discrètement sa main sur la mienne. Encore un de ces moments impossibles à décrire. Moments privilégiés, d'une intensité inouïe.

J'avais prévu qu'à mon premier ballon je taperais un énorme coup de pied en touche pour montrer que j'étais capable de le faire. Sur le coup d'envoi, le ballon m'est tombé dans les mains. Les Gallois, qui venaient jouer le Grand Chelem, ne montèrent pas très vite. Je me suis lancé dans une contre-attaque sur une vingtaine de mètres. Passe à Guy qui plaça Piqué en position de débordement, lequel fut repris à quelques mètres de l'en-but gallois.

Le match était lancé sous les meilleurs auspices. Nous avons produit pendant trente-cinq minutes un rugby de démonstration. Les quinze joueurs étaient euphoriques. Nous avons pu démontrer que des années de travail technique n'avaient pas été inutiles. L'esprit du jeu qui nous animait s'exprimait pleinement.

C'était une équipe en fête. J'avais envie de croire qu'elle voulait fêter mon retour. Le capitaine était notre ami fidèle des « Cœurs Vaillants », Michel Crauste, guerrier irréprochable, superbe athlète, personnalité d'élite. Le feu follet qui allumait les attaques aux quatre coins du terrain était notre complice Jean Gachassin. Les avants Benoît Dauga (qui jouait désormais au Stade Montois), Walter Spanghero, André Herrero, Aldo Gruarin et les autres balayaient les Gallois sur leur passage.

Cette euphorie n'aurait pas été possible sans la complicité de l'entraîneur, Jean Prat en l'occurrence. La veille du match, il nous avait fait venir dans sa chambre. Il y avait Michel Crauste, Jean Gachassin, Guy et moi. Prat nous avait en quelque sorte libérés mentalement : « Demain les portes de l'attaque sont ouvertes, on va fêter le retour de Dédé. » On ne pouvait rêver une meilleure mise en confiance. Jean Prat savait parler aux joueurs. Dix années auparavant, j'avais joué sous son capitanat mon premier match international. Je me sentais bien sous son aile, j'avais confiance en lui.

À quelques minutes de la fin de la première mi-temps, nous menions par dix-neuf points à zéro. Nous avons marqué quatre essais dont deux signés par Guy. Le premier sur une contre-attaque de notre ligne de but. J'ai percé la défense galloise et suis arrivé aux 50 mètres. Coup de pied par-dessus l'arrière gallois, Guy à la course avec Bebb, un ailier qui était aussi un sprinter. Mon frère avait 1 mètre d'avance au départ et a plongé sur le ballon dans l'en-but avec toujours ce mètre d'avance. Il n'avait jamais couru aussi vite, car c'était moi qui lui avais expédié ce ballon, comme on adresse un message.

Je reverrai toujours Guy allongé dans l'en-but, une main sur le ballon. Il s'est tourné vers moi avec dans les yeux une flamme merveilleuse. Cet essai, il l'avait marqué pour nous deux, pour notre famille, pour tous ceux que nous aimions.

Nous sommes revenus prendre notre place pour la remise en jeu, marchant côte à côte durant quelque 80 mètres. Nos corps se frôlaient, je n'ai pas les mots pour exprimer ce bonheur.

Quelques minutes plus tard, sur une touche dans nos 22 mètres, Dauga a sauté, pris la balle. Ouverture directe sur les trois-quarts. Gachassin a créé un petit décalage, donné le ballon à Guy qui a percé et m'a adressé une passe dans le dos de mon adversaire. J'ai redressé mon corps, produit une accélération sur une cinquantaine de mètres. J'ai vu Guy à l'intérieur. Je lui ai offert ce ballon qu'il venait de me donner et devant l'arrière gallois il a fait une passe admirable de délicatesse, d'application à André Herrero. Essai d'Herrero entre les poteaux. Il y avait encore à ses côtés Michel Crauste, Jo Rupert, autre Landais, Benoît Dauga et aussi Jean Gachassin qui sautait de joie. Guy était par terre, littéralement pulvérisé par le plaquage de l'arrière gallois. Il avait sacrifié son corps après avoir fait la passe.

Cet essai est resté pour Guy et moi un symbole. Un ballon gagné par les avants, exploité par les trois-quarts, la phase de jeu conclue par ces mêmes avants, 80 mètres plus loin, c'était le jeu collectif auquel je me suis voué depuis mes débuts sous le maillot montois.

Quinze athlètes, des grands, des petits, des lourds, des légers, des rapides, des moins rapides avaient en quelques instants mis leurs qualités au service de l'autre : seul le rugby offre cette allégorie de la solidarité entre les hommes.

Il y eut le deuxième essai de Guy sur un très long départ des avants qui se firent cinq ou six passes. Le jeu rebondit sur les trois-quarts au milieu du terrain et après que le ballon eut passé dans les mains de Jeannot Gachassin, puis les miennes, Guy en bout de ligne, avec sa détermination habituelle, a marqué l'essai en coin. Le ballon était passé de mains en mains sur plus de 100 mètres.

Le public applaudissait debout, sous le charme. Oui, en cet après-midi, une petite étoile brillait au-dessus du stade de Colombes. Elle brille encore dans ma mémoire.

Un incident vint rompre le charme. L'arbitre, un Irlandais, s'est blessé gravement au tendon d'Achille. Il a fallu l'évacuer et choisir un nouveau directeur de jeu par tirage au sort entre les deux juges de touche. C'est Bernard Marie (le père de Michèle Alliot-Marie) qui fut désigné. Je crois qu'il a craint que les Gallois prennent la raclée de leur vie. C'était parti pour ça. Marie nous a privés de ballon, il a ralenti le rythme fou qui avait débordé nos adversaires et en deuxième mi-temps nous n'avons marqué qu'un drop. C'était la première fois qu'un Français arbitrait un match du Tournoi et il a peut-être craint les réactions des Britanniques. Car les Britanniques régnaient en maîtres sur le rugby mondial et les anciens se souvenaient qu'avant la guerre ils avaient tout simplement exclu la France du Tournoi des Cinq Nations.

Je nous revois sous le tunnel. J'ai embrassé mon frère. Des larmes ruisselaient sur nos joues. Les vestiaires étaient en fête, Jean Prat nous a discrètement félicités. Je lui ai dit que nous venions de jouer à la « lourdaise », ça lui a fait plaisir.

Retour à l'hôtel Louvois. Notre chambre était envahie par des amis et quelques journalistes, ceux qui pendant des années nous avaient soutenus. Ils n'étaient pas tellement nombreux. Denis Lalanne était aussi ému qu'un débutant. Il allait écrire des phrases mémorables sur ce match, en réglant au passage quelques comptes.

Guy était comme d'habitude peu expansif après les matches, mais sa conclusion fut lyrique :

« Je savais que Dédé était le meilleur centre du monde. » Il le croyait vraiment. Trente années d'amour fraternel débouchaient sur cette apothéose. J'étais apaisé, pas très loquace pour une fois. Je n'avais plus rien à défendre. Je répétais la même phrase : « Il faisait très beau sur Colombes. »

Ce jeu, nous aurions pu, nous aurions dû le produire bien plus tôt. Dans la tribune d'honneur, les visages n'étaient pas tous épanouis.

Aucun dirigeant n'est venu nous féliciter dans les vestiaires.

Les repas officiels étaient toujours fastidieux, mais pour les officiels, ces repas comptaient plus que les matches. Ils avaient toujours lieu à l'hôtel Lutetia, selon les mêmes rites. J'écoutais toujours les discours des capitaines. Celui des Gallois nous a rendu hommage. Il a demandé ironiquement pourquoi j'étais revenu jouer contre son équipe. Le discours de Michel Crauste sonnait juste, je retrouvais la sincérité du « Cœur Vaillant » de Saint-Sever. Il rendit un bel hommage à notre entraîneur, Jean Prat.

Vinrent les discours des présidents, que je n'ai jamais écoutés. Guy et Jeannot Gachassin non plus. Il y eut une séquence comique. La traduction du discours du président de la Fédération était assurée par un avocat devenu notre complice. Il nous avait montré le texte qu'il avait déjà préparé à l'hôtel, sans même lire celui rédigé par le président. Sa version consista en un éloge du vin rouge français, du champagne bien frappé et des filles de Paris qui feraient oublier aux joueurs gallois leur après-midi de Colombes. Les Gallois apprécièrent l'humour et déclenchèrent une ovation dans la salle, à la grande fierté du président de la Fédération. Il ignorait tout du changement de texte et croyait qu'on applaudissait la haute tenue philosophique de son discours.

Durant la nuit, je n'ai pas quitté Guy. Je lui avais promis de le suivre partout. Les deux Jean, Prat et Gachassin, Benoît Dauga et Michel Crauste qui comme moi n'était pas un familier des folles nuits, suivaient notre chef de bande. Guy était devenu notre guide dans le Paris des noctambules. Nous avons retrouvé ses compagnons. Antoine Blondin, entre autres. Je ne connaissais pas les amis parisiens de Guy. Bizarrement ils semblaient heureux de me rencontrer, avec une sorte de réserve. J'étais le grand frère trop sage. La nuit débuta au Courrier de Lyon, se poursuivit à L'Auberge basque et se termina chez Jean Castel. Au petit jour nous avons ramené Antoine qui habitait quai Voltaire. Il faisait avec Guy et Jeannot Gachassin des cadrages-débordements et des passes croisées sur le bitume du quai. La magie nocturne le métamorphosait, il était devenu le meilleur centre du monde. Quelle nuit ! Mais quel dommage qu'elle ait eu lieu si tard dans notre carrière !

Je ne puis m'empêcher de relire la chronique où Antoine évoque ce match :

« Dès l'ouverture du Tournoi des Cinq Nations, il apparut que le 27 mars 1965 marquerait une date capitale. Il se trouve effectivement que c'en fut une, mais pas pour les raisons que l'on croyait.

» Disons qu'ici ou là, le mérite en revient pour une grande part au retour d'un homme et Dieu sait pour autant si le rugby est aux antipodes du "one-man-show" mais dans la mesure où il est un état d'esprit, il convient de rendre à celui en qui cet esprit s'incarne, André Boniface, le seul joueur peut-être à savoir donner à son frère Guy ce diapason unique qui touche cinquante mille cœurs quand le besoin s'en fait sentir.

» Lorsque l'esprit du jeu s'identifie de surcroît à l'esprit de famille, on s'aperçoit vraiment que ce jeu est d'abord une manière d'être. C'est ce qui transparut en la personne des Boniface ce samedi 27 mars où l'on eût dit que l'équipe de France s'était faite belle pour les accueillir, comme eux s'étaient faits bons pour les honorer. La touchante affection qui unit en effet des jumeaux à la ville, leur complicité en fait des siamois sur le terrain. André l'aîné a la beauté un peu boudeuse des pâtres grecs. Le buste droit, son regard à facettes sous un front bouclé ne cesse d'ausculter la partie qui l'anime à une allure de statue brusquement surmultipliée. Mais cherche-t-il son frère, il le trouve. Guy, les chaussettes sur les talons, la mèche sur le front, a les charmes d'un faune qui terroriserait les défenses adverses sur un air de flûte de Pan.

» Il fallut un concours de circonstances de dernière heure pour qu'une ultime chance fût offerte aux Boniface de s'affirmer ensemble dans l'équipe de France contre le pays de Galles. Aussi quand Guy marqua son premier essai sur un ballon adressé par André, le frisson des justes moralités agita-t-il les gradins. On sut qu'aux immenses accents de l'hymne à la joie entonnée par toute l'équipe, se mêlait la musique victime des revanches personnelles et des injures oubliées. Sous l'éclairage allègre dont elles ont fait leur foi, deux vies dévouées au rugby trouvaient leur consécration[1]. »

Ce texte me touche au plus profond. Il commémore une journée à tous égards exceptionnelle. Qui mieux qu'Antoine, l'ami, le frère, le père spirituel de Guy, aurait pu ressentir avec autant de justesse nos propres émotions ? « Si j'étais jeune, j'aurais aimé mener une vie dans la perspective des Boniface. Je crois avoir été marqué par Guy ; que n'ai-je l'âge d'être transformé par André. Il me semble que je parle comme un essai. Tout au plus une ébauche. »

1. Extrait d'Antoine Blondin, *Ma vie entre des lignes,* La Table Ronde, 1982.

Lorsque Antoine écrivait ces lignes, en dépit d'un défaut bien connu, j'étais certain qu'il aimait Guy et que Guy était heureux en sa compagnie. J'avais confiance en eux, ils le savaient. Une confiance sous haute surveillance, ils le savaient aussi.

Après ce match, Antoine fut sollicité par *Paris Match* pour un article. Il accepta sans être rémunéré, à condition qu'il y ait trois photos de Guy et de moi. Ainsi parut le premier reportage sur le rugby dans *Paris Match.*

Le lundi, comme d'habitude, nous étions à Montfort. Ma mère nous avait préparé la traditionnelle escalope-purée et l'après-midi nous partions à la pêche aux goujons dans un endroit que nous aimions, à la chute du moulin de Gamarde. On entendait l'eau qui ruisselait, les oiseaux qui chantaient. Retour à la nature indispensable après les séjours à Paris. Mon père était apaisé, il attendait cette consécration depuis si longtemps.

« Comment tu as trouvé notre match ? » Réponse sobre, comme à son habitude : « C'était beau. »

▮ *Nous étions si heureux…*, La Table Ronde, 2006.

PAUL KATZ

De l'action psychologique

Il lui faut l'esprit d'équipe, le goût du sacrifice, le sens du devoir, l'amour de l'effort ingrat, la volonté de se surpasser, de reculer les limites de sa résistance, d'aller au-delà de l'épuisement. Il lui faut l'intelligence, la ruse, l'astuce, le vice. Un avant est avant tout un homme qui fait son devoir, qui prend des coups, en donne, pousse, court, saute, souffre, gémit, réfléchit, crève. La boue, les coups, la souffrance, l'abnégation c'est pour lui. À lui l'obscure mais indispensable tâche de conquérir le ballon. Les cavalcades, les attaques enivrantes, les fulgurantes descentes dans les espaces libres, l'ivresse des chevauchées victorieuses, les courses spectaculaires offertes aux bravos de la foule, les applaudissements, la gloire, c'est pour les trois-quarts. Plus un avant est obscur plus il est bon, aime-t-on à dire.

— Tu n'es pas là pour jouer avec le ballon, disait un capitaine à son deuxième ligne. Tu es là pour nous le gagner, pour que nous, nous puissions jouer avec. Toi, contente-toi de souffrir, d'avoir assez d'astuce pour empêcher les gens d'en face de gagner la balle. Passe-la derrière. Et ne regarde plus.

En rugby, expliquait un jour le célèbre demi de mêlée Pierre Danos, il y a ceux qui jouent du piano et ceux qui les déménagent. Les avants sont bien entendu les déménageurs.

Un bon avant est aussi, parfois, un peu masochiste. S'il met toute son intelligence à imaginer des coups, à inventer des trucs nouveaux, il met sa force et son cœur à se sacrifier dans l'obscure mêlée, à aller au charbon, pour le plaisir des autres.

À toutes ces qualités, qui font toujours qu'une grande bourrique est hors du terrain, un homme exceptionnel, le bon avant, celui qui connaît toutes les ficelles de son art, doit joindre une qualité essentielle : la psychologie. Et le bluff.

Le bluff ? N'est-ce pas de la tricherie ? N'est-ce pas, chez ces garçons desquels on exige à la fois imagination, abnégation, courage, esprit d'équipe, le début de l'individualisme et de la malhonnêteté ?

André Abadie, ex-pilier et capitaine de Graulhet, tardif pilier de l'équipe de France, prétend qu'un avant n'est bon que s'il est un peu comédien. Attention ! Il ne dit pas cabot. Mais comédien. Pour bluffer l'adversaire, le tromper, la « bourrique » doit non seulement prendre des coups, mais les encaisser avec le sourire. Comme s'il ne les sentait pas. Il doit non seulement cacher que les forces qu'il jette dans la bataille sont les dernières, qu'aller au-delà serait gaspiller son dernier souffle, mais il doit faire croire qu'il a encore d'immenses réserves. Que ce qu'il fait, ce qu'il a fait jusque-là, n'est rien en comparaison de ce qu'il va faire. Travailler l'adversaire au corps, lui saper le moral en lui faisant croire que tout ce qu'il entreprend ne vous fait pas plus d'effet qu'un zéphyr qui caresse un baobab, cela fait partie de l'A.B.C. de la bourrique talentueuse, consciente et organisée.

Dans ce monde à part que constituent les avants, dans cette tanière des hommes forts et durs, il y a place pour le sentiment, et la psychologie joue un rôle souvent primordial.

Être fort et le paraître encore plus. Savoir dissimuler sa fatigue. Chasser le doute. Conserver l'œil suffisamment clair pour que, même rompu, l'on puisse discerner la faille, l'agrandir, s'y engouffrer, demande plus d'intelligence et de ruse qu'il n'y paraît. De plus, la bourrique au talent reconnu, c'est-à-dire l'international, est tous les dimanches la cible des provocations de plus humble que lui. La bourrique qui a un nom est attendue par un public curieux, sceptique, goguenard, parfois malveillant, qui espère de ses joueurs qu'ils jettent bas l'idole. Si la préparation psychologique de la bourrique internationale doit être sévère, que dire de celle de la bourrique de faible renommée ? En général, dans nos sous-préfectures, on prépare dès le lundi le match du dimanche suivant. Dès le lundi, les colosses locaux sont pilonnés où qu'ils aillent (travail, maisons, cafés, spectacles, etc.) par le supporter devenu inconsciemment préposé à l'action psychologique.

— Eh dis donc, Dédé, dimanche, c'est pas parce que le fameux Mouchabœuf est international que tu vas te laisser impressionner.

— Ne t'en fais pas, petit. On fera ce qu'il faut, répond le plus souvent Dédé.

— Tu sais que les internationaux, c'est comme les copains, hein ? Ce n'est pas fait d'un bois différent. Un bon pet, ils le sentent. Comme toi. Peut-être même plus. Une baffe, ils l'encaissent. Et si dès le début, tu lui annonces la couleur, tu lui fais comprendre qu'ici on n'est pas impressionné par les titres, il ne la ramènera pas. Il s'agit de le dégonfler. Et de ne pas se dégonfler.

Dopé par ce langage martial, Dédé entrera le dimanche suivant sur le terrain en bombant le torse, décidé à se montrer digne de son maillot. Il jettera en passant un regard torve à l'international, regard destiné à la fois à le jauger et à lui signifier qu'ici, on n'a pas peur des gros. Rien de mieux pour appuyer un regard canaille et un sourire assassin que les sifflets du public local pour déranger l'équilibre de l'international. Il y a fort à parier pourtant que ce dernier, s'il est chevronné, ne se laissera pas démonter par cette préparation psychologique trop classique. Habitué aux traitements du championnat, sachant qu'en un seul match contre telle ou telle équipe, il prendra plus de gnons que dans une tournée complète en Afrique du Sud, notre homme connaît le moyen de désarçonner ses adversaires.

— Je me souviens, raconte Abadie, d'un match contre une équipe petite, mais comme on dit, vaillante. Le pilier d'en face m'avait préparé un accueil à sa manière, mitonné sans doute pendant toute la semaine avec les anciens, dans les arrière-salles obscures du café du commerce. Le trois-quarts centre, réputé pour la sévérité de son placage, avait répété un cisaillage spécial qui, au premier arrêt, devait me laisser plié en deux.

Comme avant le match, le journal local avait prévenu les populations que dimanche « nous aurons l'honneur d'accueillir le fameux Abadie et son équipe de Graulhet, cet Abadie qui a porté le jeu d'avants et ses finesses au rang d'un art subtil et inégalé », vous imaginez les ricanements qui nous accueillirent à notre entrée sur le terrain.

À la première mêlée, le pilier d'en face commença son numéro, le pilonnant de commentaires de son cru, de sarcasmes, de ricanements sournois. Mais cela ne dura guère. Abadie, malgré son petit bedon de propriétaire et son air placide de fumeur de pipe, n'avait froid ni aux yeux ni ailleurs. Abadie, donc, leva innocemment le genou. Nul ne peut prétendre sans mauvaise foi que le contact du genou d'Abadie et du nez de son adversaire ne fut pas tout à fait fortuit. Et ce n'est pas la faute d'Abadie, n'est-ce pas, si un genou est plus dur qu'un nez et si le clocheton de la terreur locale se mit, comme on dit, à pavoiser ? La preuve qu'Abadie était sincèrement désolé de ce qui arrivait à son petit copain d'en face, c'est qu'il fut le premier à le relever, à constater les dégâts, à appeler l'arbitre, à faire venir le soigneur-porteur-de-l'éponge-miracle (hélas peu efficace dans ce cas). À conseiller au malheureux pilier d'aller se remettre sur la touche de ses émotions. Et, surtout, de bien prendre garde à ne pas commettre l'imprudence de revenir trop tôt, car, avec les trucs du nez, bien que ce soit en général plus spectaculaire que grave, on ne sait jamais, n'est-ce pas, les complications sinusoïdes que cela peut entraîner.

Affolé par le sang qui coule à flot, aveuglé par l'éponge glacée que le soigneur, ému, lui a mise dans l'œil, troublé par les savantes paroles d'Abadie, qui doit savoir ce dont il parle, puisqu'il est licencié en droit, lieutenant de paras et distingué lettré, notre homme, donc, quitte le terrain pour plus longtemps que le public ne l'aurait voulu.

Lorsque la partie reprend, le trois-quarts centre n'attend qu'une occasion pour planter son carton meurtrier. Lorsqu'elle lui est offerte, il s'élance, plonge, cartonne sévèrement Abadie et s'attend à le laisser, rompu, au sol.

Mais voilà Abadie qui se relève, regarde le plaqueur d'un œil patelin.

— C'est ça, ton fameux carton ? Ton arrêt Buffalo dont tu nous as fait une montagne ? Mais, mon pauvre petit, ce n'est pas un placage, ça ! Tu m'as pris pour ta cavalière au bal de la sous-préfecture, ou quoi ?

Démonté par ces paroles, notre trois-quarts, perplexe, se promet de remettre ça, avec un petit supplément en prime. Et lorsque Abadie se détache ballon en main de sa mêlée, c'est une tornade qu'il reçoit et qui l'envoie bouler à 10 mètres.

Il se relève avec le même sourire.

— Peuh ! Tu ne t'améliores pas, petit ? Qu'est-ce que c'est que ça ? Poussière, ton truc. Ce n'est pas comme ça qu'il faut s'y prendre pour stopper sérieusement un avant. Viens avec moi à l'entraînement, le mercredi soir à Graulhet, et je t'apprendrai à plaquer. Là, à continuer comme ça, tu vas te casser, fils.

Comme ce scénario se répétera une douzaine de fois, notre pauvre trois-quarts, écœuré, se demandant s'il a jamais joué au rugby, doutant de tout, de lui comme des autres, démoralisé, renoncera à ses bouchons sur Abadie.

Et comme il ne sera pas là pour voir André Abadie s'affaler sur son banc dès son retour aux vestiaires, s'évanouir, livide, le corps zébré de bleus, épuisé, ayant échappé de peu (ah ! si le match s'était prolongé un peu plus…) à la mort, il ne se doutera pas qu'il a été victime du bluff éhonté de son adversaire et que jamais André Abadie n'avait autant souffert sur un terrain de rugby !

▮ *Sacrées Bourriques ! Les gladiateurs du rugby*, La Table Ronde, 2007.

HENRI GARCIA

Un certain Paparou

Dans le petit bistro de routiers qu'il tenait à la sortie de Lézignan, il y avait cercle autour du propriétaire.

C'était toujours ainsi lorsque le fameux Antoine Wisser, l'une des gloires de l'entre-deux-guerres, racontait ses exploits de la belle époque. « Paparou », ainsi surnommé dans sa jeunesse pour l'acajou de ses cheveux, restait un colosse au tempérament généreux. Il gardait, comme on dit, une belle santé, ce diable d'Antoine, un tempérament de feu et une verve incomparable et chaque fois qu'il racontait une bonne histoire de son temps, il était obligé de tomber le paletot. Il revivait si bien son anecdote qu'il était bientôt en nage. Assurément, il a tant raconté d'histoires, qu'il a certainement doublé le temps de sa folle jeunesse, et ce n'est pas fini…

Mais au fait, quand Antoine Wisser avait-il cessé d'être jeune ? Pour moi, c'est un cas. Je crois qu'il a toujours vingt ans, ne serait-ce que parce qu'il a changé souvent de compagne. « Moi, j'aime la jeunesse », me disait-il souvent. Quoi qu'il en fût, lorsque les ponts et chaussées, terminant la déviation de Lézignan, firent passer tous les camions à 100 mètres de son relais routier, il décida de récupérer sa clientèle en embauchant de jeunes personnes du sexe aimable assez peu farouches. Étant donné le préjudice causé à son enfant terrible par l'amélioration de la route nationale Carcassonne-Narbonne, la municipalité lézignanaise ferma les yeux sur ce que certains appellent « une coupable industrie ». Après tout, par son initiative, Antoine Wisser contribuait à réduire les méfaits de la crise vinicole en attirant à Lézignan des consommateurs de passage. D'ailleurs, nous devons à la vérité de dire que les hôtesses de la maison Wisser n'étaient en rien des déclassées, des oisives, Antoine n'aimait pas la paresse, fût-ce dans la galanterie.

En dehors de leurs attributions particulières, ces demoiselles étaient considérées par Paparou comme ses propres filles et comme telles devaient abandonner le côté public pour les vertus filiales et ainsi épluchaient les légumes, servaient à table, lavaient la vaisselle. Mieux même, aux heures vespérales propices au farniente, surtout en ce coin rôti du Languedoc, elles se livraient à des travaux d'aiguille ou tricotaient des chandails pour papa Antoine.

Hélas ! Hélas ! La rogne le prit un jour et pour avoir mis d'une façon trop nette ses poings sur les *i* du mot inquisition, Paparou dut réduire l'activité de ses servantes au grand cœur. Et la clientèle ne se détournant plus du droit chemin qui passait toujours à 100 mètres de son restaurant, Antoine Wisser prit la décision de se ranger lui aussi sur la bonne voie et commença les fondations d'un nouveau restaurant, sur la route nationale. Il gardait, du temps de la prospérité, une imposante autant qu'utile collection de chandails. C'est précisément un de ces gilets qu'il était en train de retirer, pour nous conter un fameux match militaire qu'il disputa sur le terrain de Narbonne.

— On m'avait prévenu : « Méfie-toi de ton pilier, c'est un sacré client. » J'étais donc sur mes gardes. À la première mêlée, il veut me prendre bille en tête, mais je vois le coup, je feinte, et nous nous empoignons. Toi, je vais t'avoir à l'œil, que j'me dis ! À la deuxième mêlée tout a l'air de se passer bien, quand, tout à coup, pan ! il m'en fait péter une en plein sur le museau ! Ah ! Tu en veux ? Eh bien, t'en auras ! Et vlan ! Je lui envoie une castagne. Ça commençait bien. À la troisième mêlée, nous attaquons en bélier et ce coup-ci, il m'enfonce les doigts dans les yeux. J'ai cru qu'il me les arrachait. J'étais comme fou. J'ai voulu lui balancer une godasse, mais ma mêlée reculait, alors j'ai essayé de le mordre. Je lui ai pris l'oreille et je l'ai fait gueuler, mais il a été si brusque à se relever que le morceau m'est resté entre les dents. Macarel ! Ça fait une drôle d'impression !

— « Mon oreille ! Mon oreille ! » gueulait l'autre.

Tout le monde se demandait ce qui lui arrivait. Moi je ne savais que faire, alors j'ai décidé d'avaler le morceau. Putain que c'était mauvais ! un vrai morceau de caoutchouc plein de croquant. J'avais beau le retourner, le mâchonner, le mastiquer, rien à faire pour l'avaler. Mais quand j'ai vu l'autre qui me désignait à l'arbitre, alors j'ai fermé les yeux, et d'un grand coup je l'ai fait passer. Je le sentais descendre dans ma poitrine. Putain que c'était mauvais !

— C'est lui c'est lui, gueulait l'autre en se tenant le côté de la tête. Il m'a arraché l'oreille !

— C'est vous ? me dit l'arbitre.

Si j'avouais, j'étais foutu. Et puis, merde, il n'avait pas à me faire une fourchette dans les yeux, l'autre. Alors, j'ai fait le couillon.

— Moi ? Pas du tout ! C'est peut-être avec mon serre-tête en rentrant en mêlée. Le morceau doit être par terre.

— Cherchons-le, ordonna l'arbitre.

Et nous voilà tous en train de chercher le morceau d'oreille dans l'herbe. On ne risquait certes pas de le retrouver… Je le sentais qui naviguait à l'intérieur, ça me faisait même un drôle d'effet. Pour la frime je cherchais comme les autres, mais finalement l'affaire fut étouffée.

Il y avait belle lurette que j'avais oublié cette histoire quand voilà quelque temps, deux types vinrent s'installer à une table. Il était tard. J'étais en train d'essuyer mes verres derrière le comptoir mais, par habitude plus que par intérêt, j'écoutais leur conversation. Au début, c'était des affaires commerciales, pas intéressantes pour un rond. Mais voilà-t-il pas que l'un dit tout à coup à assez haute voix :

— Moi, mon vieux, j'ai gardé un assez mauvais souvenir de cette région. Figure-toi que c'est à Narbonne, en jouant au rugby, que j'ai perdu mon oreille.

En entendant cela, mon sang ne fit qu'un tour. Du comptoir je ne voyais rien, alors j'ai pris ma lavette et sous prétexte de donner un coup aux tables par là-bas, je me suis approché. Pas de doute, c'était bien mon homme. Il n'avait plus beaucoup de cheveux sur le caillou, il s'était enveloppé, comme moi, mais je l'aurais reconnu entre cent mille, avec le haut de l'oreille en moins. J'allais repartir derrière mon comptoir quand il m'interpella :

— Vous ne seriez pas par hasard Antoine Wisser, celui qu'on appelait Paparou ?

— Oui, c'est bien moi...

Je me demandais ce qu'il voulait.

— Tu ne te souviens pas d'un match de rugby à Narbonne où tu m'as fait ça ?

Et il pointa le doigt sur son côté amoché.

— Je m'en souviens parfaitement, et je n'ai pas oublié non plus que tu as cherché la bagarre le premier en m'enfonçant les doigts dans les yeux...

— Je sais, je sais ! Mais ne te fâche pas, je ne suis pas venu pour continuer notre bagarre. Figure-toi qu'il y avait longtemps que je voulais te revoir, car tu es le type auquel j'ai pensé le plus, depuis plus de trente ans. Au moins une fois par jour, le matin en me rasant. Je te voyais toujours pareil, grimaçant sous ton serre-tête. Alors j'en ai eu assez, j'ai voulu te voir avec un visage plus sympathique et c'est pourquoi je suis venu jusqu'ici.

J'aimais mieux ça... Nous avons préparé un bon casse-croûte (j'avais du civet de lièvre), et nous avons parlé du bon vieux temps jusqu'à minuit passé. Nous nous sommes d'ailleurs quittés un peu ronds tous les deux.

Voyez-vous, les enfants, c'est ça le rugby. Sur le terrain on ne se fait pas de cadeaux, on s'en colle plein la pipe au besoin, mais après, c'est fini, on reste copains.

* * *

Depuis que le rugby s'est implanté en France, Lézignan, petite capitale du grand cru des Corbières, a été passionnée par le rugby. Tout est rude dans ce coin du Languedoc : la terre caillouteuse, les ceps de vigne noueux et torturés, le soleil qui rôtit ces côteaux sans ombre. L'accent lui-même est rocailleux. Comment, dans ces conditions, les hommes qui naissent sur cette terre ne seraient-ils point robustes et directs, peu enclins aux fioritures et aux conversations de salon ? Rudes, les Lézignanais l'ont toujours été, c'est sans doute pourquoi ils ont souvent produit des rugbymen qui, sous l'angle de l'ardeur, n'ont rien eu à envier aux Gallois. De l'aveu même d'André Clady, actuellement négociant aisé et sélectionneur courtois et de bonne conversation, la phalange qu'il commandait entre les deux guerres pouvait se mesurer aux meilleures formations modernes sur le plan de la condition physique et du rugby dit de contact. Comme nos gars des Corbières ne manquaient point d'humour, ils n'attendaient pas que d'autres vinssent leur révéler leurs défauts. C'est ainsi que le chef de gare, lorsqu'il voyait débarquer du train l'équipe visiteuse, annonçait d'un ton nonchalant :

— Lézignan-la-Matraque... Lézignan-la-Matraque... Tout le monde descend !

Ce qui n'était pas pour remonter le moral des « visiteurs ». On dit aussi que les arbitres n'aimaient guère aller jouer du sifflet sur le modeste Stade du Moulin dont il est vrai, les vestiaires étaient à 100 mètres, ce qui est toujours fâcheux en cas de défaite locale. Pour faire une farce à l'un des membres de l'honorable corps arbitral, des étudiants ramenèrent un squelette de Toulouse et avant l'arrivée du directeur de jeu, le pendirent dans le vestiaire avec un vieux sifflet rouillé fixé au coin du maxillaire. Nos plaisantins firent évidemment les honneurs du terrain à l'arbitre et lorsque celui-ci fut amené dans son cagibi, il ne manqua pas de s'écrier :

— Mais qu'est-ce que c'est ?

— Oh ! pardon, monsieur l'arbitre, s'excusèrent suavement nos étudiants, un simple oubli, nous avons omis de décrocher le dernier arbitre qui a sifflé un coup franc contre Lézignan.

Un autre jour, Sébédio, marchant sur le terrain à côté de l'arbitre, entendit ce dernier faire cette réflexion : « Tiens, vous avez un peu d'herbe dans ce coin-ci ! » Et le Sultan lui dit de sa voix la plus sépulcrale : « C'est ici que l'on enterre les arbitres qui trépassent à Lézignan. »

Rugbymen au grand cœur, un peu trop rudes parfois, les gars des Corbières de la belle époque avaient le grand mérite d'être tous des enfants du village. Toute la population les encourageait et tout le monde surveillait leur forme. La fonction créant l'organe, ils avaient été des pionniers sans le savoir, de l'entraînement moderne. C'est ainsi que faute de pouvoir distraire du temps de leur travail pour aller s'entraîner, ils cultivaient leur forme en travaillant. Le moindre déplacement à la gare, chez l'épicier ou le boulanger, les joueurs lézignanais l'effectuaient coudes au corps. En les voyant courir du matin au soir comme des dératés, les villageois, sur le pas de leur porte, ne cachaient pas leur satisfaction. « Ah ! Ils vont bien cette saison les gars de l'équipe, regardez-moi ça s'ils galopent, ça fait plaisir à voir. »

Les frères Wisser étaient les plus en forme. Il est vrai que leur père avait un atelier d'équarrissage à quelques kilomètres du village, ce qui multipliait leurs possibilités de courir.

— Galoper, mener une vie saine et, bon Dieu ! avoir « le sang del papeto », il n'y a que ça de vrai ! rugit Paparou lorsque l'on parle des succès d'antan. Macarel ! Quand je vois les jeunes d'aujourd'hui s'entraîner comme des demoiselles avec des déguisements de Martiens (Paparou fait ici allusion aux survêtements modernes qu'il a en horreur), ça me fait pitié… Étonnez-vous après ça qu'ils fatiguent vite et qu'ils plaquent mou ! Un véritable athlète doit s'entraîner à poil ! Il faut que le corps respire, nom de Dieu…

Ah ! il fallait voir comme il nous menait, Sébédio. À l'entraînement le Sultan s'installait sur un tabouret, un grand chapeau de cowboy vissé sur la tête, un fouet dans une main et un litre de rouge à portée de l'autre. Entre deux rasades, il faisait claquer son fouet et criait « Un tour de plus », et on y allait de bon cœur. Le Stade du Moulin n'avait pas la belle pelouse qu'il a aujourd'hui. Pour nous écorcher un peu moins les genoux, nous y étalions du marc de raisin, eh bien ! à la fin d'un match, tandis que l'équipe adverse rentrait fourbue aux vestiaires, le Sultan nous alignait devant la tribune et nous criait : « Et maintenant, quatre tours d'honneur. » Et nous tournions à toute allure. Macarel ! on avait des ressources, on aurait pu faire un second match…

Avec mon frère Célestin, nous avions notre méthode spéciale. Pour aller à l'atelier, nous devions faire 4 kilomètres en carriole. Dès la sortie du village, nous fouettions le cheval et derrière, nous courions en faisant des passes avec un ballon. Quatre voyages par jour, j'aime mieux vous dire que sur le terrain nous étions increvables. Dans notre préparation, il n'y eut qu'un ennui, le cheval ne tint pas le coup. À la Noël, il commença à dépérir, et il mourut au printemps.

Avec un tel régime nous avions une santé de fer, c'est pourquoi, sans le vouloir, nous faisions mal à nos adversaires. Pour nous, le rugby c'était une passion. Tenez, quand je jouais deuxième ligne et que je voyais ma fameuse tête de mêlée Duezo-Porra-Lolo Fabre bien calée, les mollets gonflés par l'effort comme des melons, je me régalais. Je poussais comme un branque. Quand on fléchissait, je mordais les grosses fesses de Duezo qui hurlait : « On m'a mordu ! » C'est le salaud d'en face, que je lui répliquais. Dans le feu de l'action, il me croyait et il enfonçait la mêlée adverse.

Antoine Wisser avait un tempérament dévorant qui lui donnait une sorte de pouvoir surnaturel.

— Son enthousiasme et sa santé de fer lui faisaient commettre certains excès, affirme André Clady, qui fut l'illustre capitaine de la terrible équipe de Lézignan. Par temps de pluie, il y avait, sur le terrain du Moulin, des lombrics longs comme la main. Son amusement c'était d'en prendre un entre le pouce et l'index, et de l'avaler tout vivant au nez des adversaires horrifiés. Dans son atelier d'équarrissage couraient des rats énormes, gros comme des lapins. Lorsque nous allions lui rendre visite, il s'offrait le luxe de nous écœurer en saisissant une de ces bestioles et en la tuant net d'un coup de dents derrière la tête.

Comment nos rivaux n'auraient-ils pas frémi, lorsque, s'apprêtant à ramasser une balle, il arrivait en criant : « Touche pas au ballon, ou tu es un homme mort ! » Et comme ils savaient tous que c'était un plaqueur exceptionnel, j'en ai connu plus d'un qui ont préféré lui laisser la priorité.

C'est parce qu'ils ignoraient cette qualité essentielle d'Antoine Wisser, que les fameux Maoris de Nouvelle-Zélande en tournée en France en 1926 et conduits par le prodigieux arrière Nepia connurent une fâcheuse mésaventure à Narbonne.

Rien qu'au rappel de ce match, Paparou retire son chandail, car une pareille aventure on ne la raconte pas, on la revit.

— Les Maoris ? C'était de fameux pèlerins ! Mais en Languedoc, on avait de quoi les recevoir. Pensez que pour le championnat régional, nous avions ensemble Perpignan, Narbonne, Béziers Carcassonne, Quillan et Lézignan, rien que des clubs capables d'être champions de France. En ce temps-là, la sélection du Languedoc était aussi forte que le XV de France. C'était d'ailleurs le fameux capitaine des Tricolores, Aimé Cassayet, qui nous commandait.

Le match, je m'en souviens comme si c'était hier, se jouait à Narbonne. Les avants maoris étaient de rudes clients. Ils doivent l'être encore car dans la dernière tournée de l'équipe de France, j'ai vu que ça s'est rudement expliqué, et que les Français n'ont pas eu le dernier mot. De notre temps, nous n'avions pas nos mains dans nos poches. Ce que nous craignions le plus, c'étaient les attaquants, de vraies gazelles. Comme je courais comme un dératé à cette époque, Cassayet me mit troisième ligne aile côté ouvert. Ah ! Je me suis payé quelques voyages, mais rarement pour rien !

Cassayet savait que j'avais un bon « carton », alors il me dit : « Antoine, tu vas veiller sur l'ouverture. » C'était un dénommé Barclay ou quelque chose comme ça. Et Cassayet crie sous la mêlée : « Laissez-leur la balle ! » Je fonce et je me prends ce Barclay bille en tête, bonhomme et balle. Je me relève avec une bosse au front mais Barclay « nétéjat » (nettoyé), on l'emporte sur une civière.

Nouvelle mêlée. Cassayet me dit : « Antoine, veille sur le grand centre, il est bon. » Sous la mêlée il crie : « Laissez-leur la balle ! » Je fonce sur le grand centre, bille en tête, bonhomme et balle. Je me relève, putain ! l'arcade ouverte, mais le grand centre « nétéjat », on l'emporte sur une civière.

Nouvelle mêlée. Cassayet me dit : « Antoine, t'as vu l'ailier droit ? C'est un drôle de client, veille sur lui. » Je fonce, mais ce gonze, O'Papa qu'il s'appelait, c'était un vrai colosse, il faisait bien 2 mètres de haut. Ça ne fait rien, je le prends, bille en tête, bonhomme et balle. Nous roulons et j'entends un craquement terrible qui m'estourbit. Je me retrouve la tête coincée dans la barrière de bois, mais tandis que six personnes me tirent par la peau du cul pour me dégager, je vois mon O'Papa « nétéjat », que l'on embarque sur une civière.

Je rentre sur le terrain pour me remettre en mêlée, mais Cassayet me dit : « Antoine, ne veille plus sur personne, sinon ils n'auront plus assez de monde pour finir. »

Et en remettant son gilet comme s'il venait de terminer une rude partie, Paparou avoue :

— Ah ! Le rugby, il nous en a fait vivre de bons moments.

Quant à la jeune Mme Wisser, le rugby lui fait passer des nuits blanches, car tandis que le petit village de Lézignan dort d'un sommeil confiant, Antoine revit ses exploits, s'agite et gueule :

— Aux jambes ! Plaquez donc aux jambes ! Ne vous laissez pas faire, nom de Dieu ! Flanquez-leur des pignes à ces gonzes !

▮ *Les Contes du rugby*, La Table Ronde, 1961.

PAUL KATZ

Une tête vraiment dure

Chaque fois que l'équipe de France va jouer à Cardiff, il y a là-bas un chauffeur de taxi qui regarde d'un œil mélancolique les supporters déferlant sur la ville. Et chaque fois qu'il prend à son bord des journalistes français, pour aller voir leur équipe s'entraîner à Porthcawl, petite cité balnéaire où l'équipe de France prépare son match contre les Gallois, il demande des nouvelles d'Élie Cester.

Élie Cester est deuxième ligne. Il a le genre tranquille et fort, avec une bonne tête ronde et rose, l'allure placide et la conscience en paix. Sur un terrain, il est vaillant, possède l'esprit d'équipe au plus haut point. Il s'est souvent fait piétiner dans les mêlées ouvertes. Sans se plaindre. Les échappées spectaculaires, les attaques enivrantes, c'est pour les autres. Pour Cester, les coups, le charbon. Il ne s'en est jamais plaint. Un avant qui n'accepte pas l'abnégation exigée par son poste n'a rien à faire sur un terrain.

En 1966, Élie Cester connut une étrange aventure. L'équipe de France venait d'être battue. Alors qu'elle menait à la marque, Jean Gachassin, le pétulant demi d'ouverture, fonça vers l'essai. Il ne lui restait qu'un obstacle à franchir, l'ailier gallois Stuart Watkins, replié, au mépris de toute stratégie, au centre de sa ligne des 22 mètres. Mais Gachassin, voyant son ami André Boniface sur sa gauche, voulut lui donner l'émouvante satisfaction de marquer le dernier et plus bel essai de la saison.

Hélas. Une rafale de vent changea la trajectoire de la balle et la fit dévier vers Stuart Watkins. Ce dernier s'en saisit et, porté par les clameurs de tout un peuple, réussit un sprint interminable et pathétique de 70 mètres pour marquer l'essai. La France, battue au moment où elle méritait le plus la victoire, accablée par ce coup du sort, perdait le Tournoi. Mais au lieu d'accepter la défaite, de rendre hommage à l'adversaire, d'accueillir avec humour et dignité cet incroyable déni de justice, certains dirigeants français laissèrent éclater une déception et une colère déplacées.

On exigea des têtes. On limogea ceux que l'on rendait coupables de la défaite. L'ambiance du banquet, le samedi soir à Cardiff, fut détestable. Quelques joueurs se levèrent de table pour planter là tout ce beau monde. D'autres, moins impétueux, attendirent la fin pour fuir un lieu où il volait de si vilaines guêpes.

Élie Cester, mal à l'aise dans cette atmosphère de règlements de comptes, décida d'aller au bal, avec son ami Dauga.

Et c'est ici que le destin frappa celui qui, aujourd'hui, est un modeste chauffeur de taxi gallois.

Dauga et Élie déambulaient dans les rues de Cardiff, à la recherche de la guinguette idoine. C'est-à-dire agréable et bien famée.

— Ici, ça doit être bien, dit le grand Benoît en s'arrêtant devant une porte qui laissait filtrer une musique et des éclats de rire prometteurs.

— Eh bien, allons-y.

Les deux compères s'approchent, humant le vent de leur grand nez, savourant à l'avance la bonne soirée qu'ils vont passer. Mais un portier chamarré et galonné leur barre la route.

— Qu'y a-t-il? demande Dauga.

— On n'entre pas. Vous n'êtes pas en tenue correcte.

— Ah non? Et pourquoi? Notre costume n'est pas d'assez bonne coupe?

— Si. Mais il vous manque la cravate.

— Cravate, cravate. En voilà des exigences. Allez, ôte-toi de là, virgule. Qu'on passe.

Mais le portier est intraitable. On ne passe pas. Pas de cravate. Pas de bal. Si vous voulez aller au bal, retournez chercher une cravate. Sinon… Ailleurs, peut-être, vous pourrez entrer. Ici, non. Le règlement est formel.

Le ton monte. Personne ne veut céder. Un attroupement se forme. Attiré par des éclats de voix, un policier s'avance, immense et nonchalant, s'enquiert des raisons du vacarme, cherche à ramener tout ce monde à la raison, veut convaincre les Français de leurs torts, n'y parvient pas, élève la voix, veut écarter Cester d'une bourrade, prend une gifle d'on ne sait qui, la rend, en prend deux autres, les rend encore, puis, les bourrades se faisant de plus en plus rudes, décide d'employer les grands moyens, s'affole, sort sa matraque et tape sur la tête rose et blonde de Cester.

Mais le policier a beau taper, Cester ne tombe pas. Au contraire. Son sourire s'agrandit au fil des coups.

Alors, le *bobby* écœuré s'éloigne en secouant la tête.

— J'ai décidé à cet instant de changer de métier.

Doutant de tout, de son aptitude à maintenir l'ordre, de ses capacités professionnelles, de sa vocation, de sa force, de son équilibre physique et mental, il prend en quelques minutes la décision de se recycler et d'abandonner un métier pour lequel il vient de comprendre qu'il n'est pas fait.

Voilà pourquoi il y a aujourd'hui à Cardiff un taxi qui, tous les deux ans, au moment de France-Galles, stationne devant l'Angel Hotel. Et lorsqu'un journaliste le hèle, le chauffeur, à peine le client installé, demande des nouvelles « du grand Français blond sur lequel, jadis, il tapait, tapait, tapait, sans arriver à le faire tomber ».

Et quand on lui répond que Cester est toujours là, il sourit en secouant la tête du même air incrédule qu'il avait, quelques années plus tôt, lorsque à la porte d'un bal de Cardiff…

▮ *Sacrées Bourriques ! Les gladiateurs du rugby*, La Table Ronde, 2007.

ANTOINE BLONDIN

Guy, c'était Fanfan

Guy Boniface, que les fameux All Blacks considéraient comme le meilleur trois-quarts centre du monde, est mort à trente ans dans un accident de voiture, comme l'acteur James Dean, comme l'écrivain Roger Nimier, comme son ami le journaliste Robert Roy. Voici donc qu'à la lumière noire du deuil il est permis d'évoquer à son tour la mesure humaine de ce personnage fabuleux que représente un joueur de rugby dans la mythologie de notre époque. Elle ne correspond guère à celle que l'imagination profane se forge couramment. Pour une fois, il n'y aura pas d'impudeur à avouer que Guy était pour tous ceux qui ont eu la grâce de l'approcher l'un des plus beaux ornements de l'existence et que, même s'il n'avait jamais touché un ballon ovale, il aurait été dans sa nature d'entrer dans la vie des autres comme le soleil se lève. C'est un peu avec le cœur pur de sa mère, qui ne l'avait jamais vu sur un terrain, qu'il faut continuer à l'aimer pour l'être rayonnant qu'on connaissait, étant entendu que c'est parce qu'il était cet homme-là, tous les jours, qu'il fut ce joueur-là dans l'après-midi privilégié des stades.

Parmi les trois à cinq mille personnes qui faisaient escorte, pataugeant dans leurs larmes, vers le cimetière de Montfort-en-Chalosse, le fantôme de la ferveur s'était glissé sous la forme d'un jeune homme dont nous tairons le nom pour ne pas offusquer sa pudeur, sa modestie, la qualité de son culte pour les frères Boniface qui possède l'ardeur exceptionnelle des veilleuses. Cet adolescent qui avait campé, la nuit durant, dans une prairie gorgée de pluie, trouvait maintenant dans le silence peuplé et frémissant l'expression la plus accordée au sentiment qu'il n'avait cessé de bercer dans son âme fière et discrète, depuis de longs mois. Sa présence donnait le diapason de l'engouement prodigieux qu'ont pu éveiller les deux frères.

Qu'on sache simplement que ce supporter exemplaire s'était fait marchand ambulant pour les accompagner d'un dimanche à l'autre, au fil des étapes qu'accomplit le Stade Montois dans le Championnat de France et que le 11 novembre dernier, n'en pouvant plus de se taire, il écrivait à Denis Lalanne, l'homme le plus digne de recevoir cette confidence : « Junior alors, je rêvais dans mon lit et, sans les connaître autrement qu'en photo, j'avais le buste haut d'André, la rage de Guy… Depuis, ils se sont assis bien à la droite du père, Webb Ellis (le fondateur du jeu de rugby), et le coq a pu chanter à s'en casser les reins, je ne les ai jamais reniés… Je sillonne la France pour les suivre parce que je ne peux pas attendre le lundi pour avoir de leurs nouvelles… Pour tout cela, pour un écusson jaune et noir (les couleurs du Stade Montois, le club de Guy et André Boniface) que je porte toujours sur moi, pour être parfois tout seul à les soutenir dans un coin des populaires, pour vous tous qui les aimez, je ne regrette pas d'être une sorte de chômeur, je ne regrette pas de ne manger qu'un sandwich les jours de pèlerinage ou, ce qui fut sans doute le plus dur, je ne regrette pas d'avoir cessé de jouer moi-même. » Cet individu sublime ne s'était jamais fait connaître. Au mieux, il se contentait, au soir des matches à Mont-de-Marsan, d'occuper une place retirée, dans le bar de Guy, et de s'abandonner à la fascination.

Je sais un romancier, tout à fait adulte, qui avait envisagé très sérieusement de tout quitter pour venir partager, entre Montfort et Mont-de-Marsan, la vie quotidienne de Guy et d'André.

Ajoutons qu'une rue de Paris qu'il avait la gentillesse d'honorer de sa fidélité exubérante pleure aujourd'hui unanimement le disparu.

La palette des affections que Guy avait su s'attacher qualifie un être qui marquait irrésistiblement ceux qu'il approchait. Il provoquait l'enthousiasme et justifiait cette affirmation de Montesquieu qu'on peut être amoureux de l'Amitié. Son frère et lui formaient un couple de princes raciniens qui drainait tous les cœurs avec soi. Même ceux de Montfort, dont ils pillaient jadis les vergers, reconnaissaient que ces petits garçons-là n'étaient pas comme les autres, qu'ils avaient la classe innée, sachant tout sans avoir rien appris, suscitant sous leurs pas un clan auquel on rêvait d'appartenir et qui se définissait par la noblesse, la franchise, l'élégance du geste, le sûr instinct qui conduit droit à ce qu'il y a de bien et, plus particulièrement chez Guy, un goût fougueux de la vie sous ses formes les plus amples et les plus cascadeuses.

On a dit que les deux frères possédaient au plus haut point l'art de s'adresser des ballons en or, mais l'on a dit aussi que « le meilleur des deux Boni, c'est celui qui n'a pas le ballon ». C'est sans doute que chez eux, en fin de compte, ce n'était pas le ballon qui était en or, c'était l'homme. Pierre Mac Orlan ne s'y trompait pas qui avait leur photo dans son bureau.

La nature des liens qui les unissaient ajoutait à leur légende. Jusqu'à vingt ans, ils avaient refusé de faire lit à part, l'un toussant quand l'autre était malade, l'un se battant quand l'autre se prenait de querelle. Le défi permanent qu'ils s'adressaient, et qui trouvait son germe dans leur admiration mutuelle, était un moyen de s'exalter encore au-dessus d'eux-mêmes. Au début, Guy, cadet ébouriffé, fichu comme l'as de pique, avait mis du temps à faire jeu égal. Puis, des ressources venues d'on ne sait quels atomes avaient fini par charger en lui cette pile dont l'énergie semblait inépuisable et que la tutelle géniale d'André n'allait avoir de cesse de canaliser. Le défi qu'alors ils lançaient cette fois aux autres étalait au jour une connivence mystérieuse, presque biologique. Quelques minutes avant sa mort, Guy était entré dans un café sur le bord de la route où s'amorçait le réveillon de la Saint-Sylvestre et, emporté par l'élan coutumier qui l'habitait après les matches, s'était livré à l'exercice de cette provocation chaleureuse où il excellait :

— Vous, les gars d'Hagetmau, on vous passera 80 points quand vous voudrez. On met la partie sur pied un de ces jours…

Des quolibets lui répondent. La porte s'ouvre, André paraît.

— À ton avis, Dédé, on leur marque combien de points ? demande Guy.

André jauge l'assistance :

— Quatre-vingts, répond-il.

Il y a des coïncidences qui méritent réflexion.

Le sourire de Guy, son rire, son débit précipité, la flamme de ses yeux, sa mèche aventureuse, lui composaient une beauté moins régulière que celle d'André, la beauté du bon petit diable. Il était de cette race des enfants de chœur qui boivent les burettes en cachette mais se feraient hacher menu plutôt que d'abandonner le saint sacrement. S'il s'en allait autrefois, en compagnie de Michel Crauste, avec les « Cœurs Vaillants » de la Chalosse, c'était plutôt pour la partie de campagne, s'il s'improvisa naguère orateur dans les meetings de la Jeunesse agricole catholique, c'était surtout pour découvrir ce Paris dont il allait faire la conquête, mais il sut un jour trouver les accents qui raffermirent un séminariste de ses amis au détour d'une vocation chancelante et il confiait récemment à l'abbé Barruc, qui l'a si profondément compris : « Je crois de plus en plus en Dieu. » En le voyant, on pensait d'abord à Till l'Espiègle ou à Thierry la Fronde, même si certains évoquèrent parfois à son sujet l'affreux Jojo. Mais son vrai personnage, c'était Fanfan la Tulipe, incarné, s'il vous plaît, par Gérard Philipe, dont il possédait l'allégresse contagieuse et la mélancolie cachée. En fait, il vivait sur une longueur d'onde exigeante et chevaleresque. La célèbre « passe croisée » que les deux frères illustrèrent sur toutes les pelouses du monde et portèrent à sa plus ample perfection, était entre leurs mains la passe d'un croisé à un autre. La notion de « terre sainte », ainsi appelle-t-on l'en-but adverse, n'était pas chez eux un vain mot.

Guy Boniface possédait la mémoire du cœur et il faisait bon habiter, être enfoui dans cette mémoire-là. On y faisait l'objet des plus rares attentions. Prodigue à la folie, serviable envers chacun, il n'avait pas son pareil pour rameuter des partenaires en vue d'un match de bienfaisance ou pour exercer la charité la plus secrète avec une prédilection pour les bonshommes pittoresques que son œil décelait avec un goût très sûr et un humour attendri. Les derniers temps, il entretenait un jockey désœuvré, auquel il remettait chaque jour une enveloppe. Sa tournure d'esprit embrayait automatiquement sur une manière d'être.

L'athlète était plus déconcertant. Par sa désinvolture de surface, il s'apparentait à Anquetil, qu'il admirait tant, mais nous l'avons vu sacrifier les loisirs d'un congé sur la Côte d'Azur pour s'entraîner comme un forcené et ne pas décevoir André. S'il portait ses bas sur ses talons, signe qui annoncerait chez tout autre l'imminence de la crampe, c'était par un dédain pour les vains accessoires qui s'étendait jusqu'aux banquets et aux discours officiels. Il se présentait d'ailleurs le plus souvent aux vestiaires avec seulement une paire de chaussures et une serviette-éponge, quand il ne les oubliait pas en route.

Cette route qui le menait au stade ou l'en ramenait était semée d'embûches où l'incitaient à tomber sa curiosité et son appétit de l'univers. Car il savait tirer le verrou sur le rugby, et s'il prenait par le bras Odette, l'épouse à sa mesure, leur couple offrait plus que l'image radieuse des voyages de noces.

Tout le rugby est pourtant contenu dans la trajectoire de ce soleil qui avait tourné autour de la terre pour revenir mourir à deux pas de la plus hospitalière des maisons natales, jouxte le terrain de ses premières armes, au-dessus du talus du chemin de fer qu'il s'amusait, enfant, à débouler avec André, à celui qui prendrait le plus de risques, à celui qui se ferait le plus de mal. Ce baladin des cinq continents, ce garçon aérien, ce boulevardier de nos nuits, était profondément enraciné dans son terroir et l'angélus prochain, répercuté par les vastes échos de la Chalosse, tombera désormais sur le garde-à-vous, où il est à jamais figé, comme son véritable hymne national.

À quelques kilomètres de là, trois jours plus tard, Jean-Michel Capendeguy, pur produit de Saint-Jean-de-Luz, ailier de Bègles, titulaire du poste dans l'équipe de France qui va rencontrer l'Écosse cette semaine, se tuait en voiture à l'âge de vingt ans. Si nous parvenons à ne pas rayer Austerlitz de notre géographie sentimentale, nous saurons maintenant pour quelles ombres chères chuchote la voix feutrée comme celle d'une hôtesse de l'air et pour qui résonne le gong assourdi, qui annonce que le Sud-Express entre en gare.

▮ *Ma vie entre des lignes*, La Table Ronde, 1982 (*Paris Match*, janvier 1968).

ANDRÉ BONIFACE

Vivre sans lui

Vivre une autre vie, sachant que je ne reverrais plus jamais Guy, paraissait au-dessus de mes forces. Je ne pouvais pas accepter la fatalité. Tout s'embrouillait dans mon esprit. Je revivais les instants fatidiques, j'aurais voulu pouvoir les effacer. Ou les infléchir. La réalité me rattrapait, il fallait accepter ce mauvais sort. J'étais complètement détruit.

Trente années de bonheur, d'amour, de partage. Trente années sans une seule ombre sur ce qui nous unissait. J'étais un corps sans âme. Je passais des journées entières sans sortir de ma maison. Ma famille m'entourait, mais la vie s'était éteinte. Je m'accrochais à la tendresse des miens, sachant qu'ils souffraient de me voir dans cet état de léthargie.

J'allais un jour sur deux à Montfort. Je me rapprochais de Guy et j'apportais un peu de réconfort à mes parents. J'essayais de me montrer courageux devant eux, leur vie ne tenait plus qu'à moi et à notre famille. Je ne pouvais pas croire que je ne reverrais plus Guy. À tout instant, je revoyais les derniers moments. Impossible d'admettre que tout s'était arrêté.

Pourtant, tout s'était arrêté. Je me sentais vide. Mon épouse montrait beaucoup de courage, elle me protégeait autant que possible. Elle savait néanmoins que j'étais incapable de retrouver la moindre sérénité. Corinne avait douze ans. Elle partageait ma peine. Guy était un oncle merveilleux, elle l'aimait beaucoup. François est né un 31 décembre. Son jour d'anniversaire ne se fêtera jamais sans un voile de tristesse. Guy était heureux d'être son parrain. On avait déjà emmené François voir quelques matches à Mont-de-Marsan. Il nous attendait à la sortie des vestiaires et se précipitait vers nous dès qu'il nous voyait. Guy le prenait dans ses bras, il était fier de son filleul.

Peut-être Guy pensait-il que François, conseillé par son père et son parrain, et en prenant le meilleur de chacun, ferait un bon trois-quarts centre. Nous n'en avions jamais parlé. Je n'y pensais pas du tout.

Je continuais à aller à Montfort. Un jour j'ai trouvé devant la tombe quatre amis de Guy qui travaillaient. Ils avaient demandé à mes parents l'autorisation de procéder à quelques aménagements pour témoigner leur fidélité. Deux jours après, la tombe était transformée. La grande plaque centrale était entourée de gazon, et la tombe, d'un rectangle en fer forgé, formé de ballons ovales. C'était un petit terrain de rugby. Ils avaient fait ça avec leur cœur, parce que Guy était leur ami.

Mes parents, qui allaient tous les jours au cimetière, ont entretenu ce gazon jusqu'à leur mort. Jamais nous n'avions foulé une pelouse aussi belle.

Peu de temps après l'accident, les joueurs du Stade Montois décidèrent de demander aux élus municipaux de rebaptiser le stade au nom de Guy Boniface. Ils avaient rencontré le maire et leur demande devait être soumise à délibération lors d'une prochaine réunion du conseil municipal. Ce fut un point de l'ordre du jour. Bizarrement les conseillers votèrent à bulletin secret. Réponse négative par deux tiers des voix. Scandalisés, nos copains se rendirent à la mairie et exprimèrent leur écœurement.

Je n'étais pas au courant de leur démarche car ils espéraient me faire une agréable surprise. J'étais tellement peu réactif à tout événement extérieur que cette mauvaise manière me laissa complètement indifférent. Je devais réaliser quelques années plus tard ce que révélait cette ingratitude. Est-ce prétentieux d'affirmer que, sans les résultats du Stade Montois et la notoriété de ses internationaux, peu de Français auraient connu la ville de Mont-de-Marsan ?

Ma vie continuait au même rythme : maison, famille, Montfort. Je recevais des dizaines de lettres de sympathie chaque jour. Je répondais immédiatement. Ces mots d'inconnus me réconfortaient. Chacun essayait de me donner du courage, tous me parlaient de Guy, ils l'avaient compris sans l'avoir connu. Aujourd'hui encore, presque quarante ans après, je corresponds toujours avec quelques-uns de ces supporters lointains et anonymes. Parmi eux, un ancien docker de Port-la-Nouvelle, Joseph Adria. Nous l'avions rencontré une seule fois lors d'un match à Narbonne. J'avais été surpris en voyant ce colosse défendre notre style de jeu, on s'attendait plutôt à ce qu'il admire les combats d'avants, surtout au pays des frères Spanghero. Il n'osait pas nous approcher. Nous l'avons abordé. Il nous a serré la main avec une force décuplée par le bonheur. On l'a pris en charge, il est entré avec nous dans les vestiaires et s'est assis entre Guy et moi pendant la préparation du match. Il est sorti du vestiaire avec les joueurs, marchant entre nous deux parmi la foule. Il m'écrivit le soir même. Son orthographe était particulière, mais les mots et les phrases étaient émouvants.

J'ai appris par sa femme qu'il avait placé des photos de Guy et de moi sur un mur de la salle à manger. Aujourd'hui cet homme qui fut une force de la nature, usé par son travail, est très fatigué. Je lui téléphone régulièrement et il termine toujours notre conversation par cette phrase : « Merci, André. Tu me redonnes envie de vivre. » Je raccroche toujours avec une certaine émotion.

C'est tout de même étrange, pour deux joueurs de rugby, en un temps où ce sport était encore amateur, et ne touchait guère que la moitié sud de la France, d'avoir suscité autant d'engouement… ou d'animosité. Depuis l'accident de Guy, une cohorte invisible de supporters me témoigne de la ferveur, soit en m'écrivant, soit en m'abordant dans la rue. Pourtant ma carrière remonte aux années cinquante et soixante – et la mémoire des gens est de plus en plus courte.

Un exemple parmi d'autres : ce fabuleux personnage qui s'appelle Georges Barthomeuf. À vingt-cinq ans, il était ingénieur dans le textile à Roanne, sa ville natale. Il suivait notre carrière depuis son plus jeune âge. Il nous rencontra à Vichy, lors d'un match de seizièmes de finale du championnat de France. Nous jouions contre Valence. Il osa timidement venir vers nous et s'approcha d'abord de Guy qui le prit sous son aile. Il passa en notre compagnie les heures d'attente du départ de notre train. Il participa au dîner avec l'équipe et les amis que nous embarquions au hasard des villes où nous jouions. Il y avait toujours, noyés dans la cohorte des supporters locaux, des supporters du Stade Montois qui n'étaient pas landais mais se faisaient une certaine idée de notre jeu et désiraient nous témoigner leur admiration.

Georges ne dit pas un mot, il écouta religieusement nos discussions. Il nous accompagna à la gare. Au moment du départ, son regard trahissait un mélange de joie et de peine.

Durant les semaines qui suivirent, nous l'avons retrouvé dans toutes les villes où nous jouions, à Agen, à Tarbes, à Romans, à Clermont-Ferrand… Il nous attendait à la sortie du match et restait avec nous jusqu'à notre départ. Sa femme était toujours avec lui.

Cette persévérance finit par nous intriguer. Comment pouvait-il se trouver tous les dimanches dans la ville où nous jouions ? La réponse est simple : il avait quitté son métier, acheté un camion et était devenu marchand ambulant. Le samedi, il débarquait dans la ville où aurait lieu notre match. Il ouvrait son camion, déballait sa marchandise et travaillait le dimanche matin. Puis il se rendait au stade avant de nous retrouver au siège du club local. Il devint notre invité d'honneur. Au bout de quelques années, il vint s'installer à Mont-de-Marsan. Alors, ses visites furent quotidiennes. Plus tard, il devint entraîneur des cadets, puis acheta un bar. Il aurait aimé tenir le bar de Guy. C'était son rêve, mais par pudeur, il n'avait jamais osé m'en parler. J'ai regretté qu'il n'ait pas osé prendre cette décision ; en allant le retrouver, j'aurais retrouvé un peu de ma jeunesse avec mon frère.

Un certain Marc Reyre, qui habite Cavaillon, m'a écrit durant des dizaines d'années. Il y a huit ans, il a décidé de venir me rencontrer. Nous avions pris rendez-vous devant le stade d'Hossegor. Il m'attendait avec sa compagne. Depuis deux jours ils séjournaient à Montfort, dans un hôtel tout proche de la maison de mes parents. Comme s'il avait voulu retrouver les traces de notre jeunesse. Il venait là comme en pèlerinage. Je les ai rejoints, nous sommes allés devant la tombe de Guy et il était aussi ému que moi. Depuis, nous sommes restés en contact.

Des dizaines de personnes que je n'ai jamais rencontrées m'écrivent régulièrement. Ces lettres postées des quatre coins de la France, et quelques-unes de l'étranger, forment dans mon esprit une sorte de confrérie invisible. En toute innocence, en toute inconscience, mon frère et moi avons incarné des valeurs auxquelles certains restent attachés. C'est en vieillissant que j'en ai pris conscience. Quelles valeurs ? Un certain romantisme. L'amour du jeu dans la pure gratuité. L'amour du beau jeu, l'élégance – cette esthétique qui m'obsédait. L'amour tout court, entre deux frères – et la tragédie de l'accident de Guy a montré, par l'horreur, combien nous étions indissociables. J'ai dû incarner aussi un certain esprit de révolte contre l'injustice, bien français : se sentir solidaire des Boni en pensant au chef de bureau borné, à l'adjudant sectaire, au politicien pas très clair.

Les années ont passé, les décennies. Le monde a changé, le sport aussi. Sans doute, les anonymes qui m'écrivent cultivent la nostalgie de ces débuts des années soixante, une époque d'insouciance, d'innocence, de cette joie de vivre que Guy avait le don de faire jaillir spontanément.

Enfin, sans nous connaître, les amateurs de rugby devaient sentir que nous étions des Landais tout simples, issus de la terre, attachés à notre famille, à notre village, à notre club, pas du tout riches et absolument désintéressés. Le rugby français a été pendant un siècle un sport de villages et de villes moyennes, la plupart des joueurs restaient fidèles au club où ils avaient débuté, les « mercenaires » étaient rares.

Il a fallu des mois pour que mon épouse et mes enfants me permettent de retrouver le goût de vivre et un minimum de sérénité. Rien n'aura plus compté dans ma vie que les sentiments familiaux.

Le rugby ne me concernait plus. Je ne lisais pas les journaux. Je ne regardais pas les matches internationaux à la télé. Le week-end, nous allions à Montfort et le dimanche j'allais à la pêche avec mon père. La nature nous apaisait. Au cimetière, je découvrais sur la tombe de Guy des fleurs déposées anonymement, c'était un réconfort, je me sentais moins seul. Les équipes qui venaient jouer sur le stade Guy-Boniface allaient déposer une gerbe avant le match. Nous étions sensibles à ces gestes.

Jamais la Fédération française de rugby ne s'est manifestée depuis le jour de l'accident. Peu m'importait, j'avais dépassé le stade de la révolte.

Peu à peu, j'ai retrouvé les sensations élémentaires de la vie quotidienne. Je passais au magasin et bavardais à nouveau avec les Montois qui m'abordaient gentiment. Une pudeur les empêchait de me parler de Guy. Ils n'osaient pas. J'en souffrais, car j'avais peur de l'oubli. Rien ne me fait plus peur que l'oubli.

Au mois de mai 1968, pendant les fameux « événements », j'ai appris qu'un pèlerinage était organisé à Lourdes pour les malades du département des Landes. Je me suis inscrit comme brancardier. Retour émouvant dans cette ville où nous avions fait notre premier camp de « Cœur Vaillant », puis, à l'âge adulte, joué des matches de haut niveau au stade Antoine-Béguère (le grand-père de Philippe Douste-Blazy). C'est à Lourdes que, pour la première fois, nous avions joué à guichets fermés et j'y comptais plusieurs amis : Michel Crauste, les frères Prat, Martine, Barthe, Rancoule. Ils n'ont pas su que j'étais là, je voulais me dévouer entièrement à ma tâche.

Ces huit jours furent difficiles ; pour la première fois je quittais ma famille. Ils m'ont permis de découvrir la foi et le courage des malades. Certains venaient chaque année. Ils étaient pleins d'espérance, tout en acceptant leur sort, et nous remerciaient avec délicatesse.

On commençait la journée à 5 heures du matin, elle se terminait vers 20 heures. Parmi les malades, il y avait des connaisseurs du rugby. Ma présence les surprenait. Je discutais avec eux, je revivais notre carrière. Comme les Montois, ils n'osaient pas me parler de Guy. Il faut avoir connu cette expérience pour prendre conscience de la souffrance physique. J'admirais la volonté de ces malades, leur lutte contre la douleur, leur ténacité morale. Ils me donnaient une leçon de vie salutaire. Grâce à eux j'ai mieux compris qu'il fallait savoir se mettre au service des autres. Sans le partage, la vie n'a pas de sens. Nous nous sommes quittés avec émotion. Leurs remerciements m'allaient droit au cœur mais c'était moi qui devais les remercier, ils m'avaient redonné le courage de vivre pour aider et aimer les autres.

Enfin un bonheur vint ensoleiller notre vie : un troisième enfant, Hélène, née le 23 juin 1969. J'avais promis à ma femme, le rugby se conjuguant au passé, de m'occuper d'Hélène davantage que de Corinne et de François. En fait, je ne les avais pas vus grandir et j'en éprouvais des remords.

Un samedi après-midi, quelqu'un a sonné à la porte de notre maison. J'étais assis dans mon fauteuil, prostré dans un demi-sommeil. Je suis allé ouvrir. C'était Michel Crauste et son fils qu'il tenait par la main. Je ne recevais pas beaucoup de visites ; celle-là m'a fait un énorme plaisir. Michel incarne la droiture et la fidélité, c'est un homme dont on est fier d'être l'ami.

Il était venu voir son frère qui habitait Mont-de-Marsan et ne voulait pas repartir à Lourdes sans m'avoir embrassé. Nous avons bavardé, évoquant nos souvenirs de jeunesse, le pèlerinage à Lourdes avec les « Cœurs Vaillants », les cent coups de mon frère.

Soudain, il se leva. Il était 15 heures et quelques minutes. Il a appuyé sur le bouton d'allumage de la télé. Je fus surpris par cette audace, venant de l'homme le plus discret, le plus délicat que je connaisse. Une image apparut. C'était un match du Tournoi des Cinq Nations. Je ne savais même pas qu'il avait lieu.

Michel s'est assis sur le bord de mon fauteuil et m'a pris par l'épaule. Pour la première fois depuis le 1er janvier 1968 j'ai revu un match de rugby, sans éprouver une émotion particulière. La présence de Michel y était pour beaucoup. Elle me rassurait. Je me sentais bien en sa compagnie. J'ai regardé le match sans grande conviction, les phases de jeu défilaient comme s'il s'agissait d'un film dont les dialogues auraient été en langue étrangère.

Toutefois, ce déclic allait provoquer une relance dans ma vie. Denis Lalanne me demanda de donner une interview pour la télévision. Je ne pouvais refuser cette requête au compagnon fidèle qui avait partagé nos joies et nos désarrois. Ce fut ma première apparition publique depuis l'accident de Guy.

Mon entourage sentait que je commençais à revivre normalement. Le rugby reprenait une place dans ma vie. Ce nouvel état d'esprit réjouissait mes enfants. Ma femme était vaguement inquiète. J'avais promis de m'occuper d'Hélène.

Le besoin de faire du sport est revenu presque malgré moi. Des amis m'ont entraîné vers le tennis. J'ai senti mon corps vibrer, presque comme avant. J'ai fait une courte carrière de tennisman, obtenant en un an un honnête classement – 15/1 – qui m'a permis d'affronter quelques bons joueurs de la région.

La saison de rugby a débuté. J'hésitais à aller au stade. Ma femme m'y a encouragé et, enfin, je me suis décidé à retrouver en « Barbe d'Or » un lieu habité par une foule de souvenirs.

Je suis arrivé quelques minutes après le coup d'envoi, j'ai pris place dans un virage, loin des tribunes, et j'ai quitté le stade avant la fin du match.

Personne n'osait venir me saluer. Les dimanches suivants, des amis m'ont prié de les accompagner dans les tribunes. Mais pas dans l'officielle.

Au cours de la semaine, ces amis venaient au magasin, nous parlions du match que nous avions vu. On voulait connaître mes impressions. Progressivement, la passion revenait. L'équipe du Stade Montois avait beaucoup changé. Il ne restait de notre époque que Benoît Dauga, Félix Martinez et Jean Leglize. Le club avait « consommé » en deux ans deux entraîneurs venus de l'extérieur. Ils ne possédaient pas la culture de notre jeu. Le Stade Montois avait perdu l'identité qui suscitait des enthousiasmes dans tous les stades de France. On sentait un mécontentement latent. Plus d'âme dans l'équipe, aucune flamme chez les spectateurs. Je ne pouvais que le déplorer.

▮ *Nous étions si heureux...*, La Table Ronde, 2006.

DENIS TILLINAC

Mai 68 à Mayol

Mai 68. À chacun ses attentes. Tandis que mes copains manifestent dans les amphis, je me ronge les sangs parce que la finale Lourdes-Toulon se fait attendre. On la reporte d'une semaine l'autre, pour cause de grève générale. Les jambes des avants toulonnais ne vont-elles pas s'émousser ? Si Cohn-Bendit avait tant soit peu de culture, il décréterait la trêve des barricades, la finale se jouerait. Après quoi il pourrait fomenter du désordre pendant tout l'été, ça m'était parfaitement égal.

Imaginez un étudiant de vingt ans, anar à sa façon qui n'est pas celle du gauchisme ambiant, insoucieux de ses examens et d'ailleurs on ne les passait pas. Le F.C. Lourdes des années Prat a ressuscité avec une génération d'attaquants à mains armées : Gachassin, Arnaudet, les frères Mir, Campaes, Halçarren, Fourcade. Lourdes en rouge et bleu et au zénith, c'est mon enfance qui me rejoint. Michel Crauste et sa moustache confirment l'illusion d'une réversibilité du temps.

Au même moment Elvis fait son retour sur scène. Il doit avoir le même âge que Crauste. Crooner alourdi, il commémore à Las Vegas les insolences du tendre voyou de Tupelo, Mississippi ; de même « le Mongol », sur le théâtre de verdure du Stade Antoine-Béguère, a repris ses rôles du Racing et du XV de France. Double flash-back pour un étudiant qui baguenaude à côté de son temps, mélange le présent qui rase le passé qu'il enjolive, avec la complicité des livres de Lalanne et de quelques autres écrivains.

Le rugby accréditait les thèses des philosophes, illustrait les références des historiens, confirmait les univers des romanciers. Je vivais dans un précipité instable mais capiteux de choses vues sur les stades et de concepts mûris au soleil anisé des troisièmes mi-temps ; ça faisait dans ma tête une drôle de mêlée.

Face aux Lourdais, le R.C. Toulonnais. Qu'est-ce que Toulon ? Une rade bleue avec des cuirassés gris dessus, des amiraux galonnés autour, le Faron pour fermer l'horizon et Mayol pour l'ouvrir aux convoitises du désir. Mayol, la seule arène du rugby français sise au cœur de la ville, à portée de drop de la rade, dans ce quartier de Besagne où la crasse a de l'âme à revendre sur le vieux marché…

Toulon (250 000 habitants) n'est pas une ville. C'est le décor d'un drame shakespearien écrit en rouge et noir par les Herrero. En mai 68 on connaissait surtout André – son visage de corsaire, ses yeux clairs, sa mine sombre, sa haute bravoure, ses coups de gueule. Toute marine nationale bue, ou naufragée, on identifiait Toulon à ce seigneur des joutes d'avant : la rade n'existait que par le truchement de la brasserie qu'il y avait fondée, qu'il tient encore (spécialités de poissons). Du moins à mes yeux d'aficionado.

Mais rien n'est simple autour de Mayol. André Herrero, grand amiral de Toulon, avait sous sa gouverne Aldo Gruarin, pilier international, et Christian Carrère… capitaine en titre de l'équipe de France. Carrère : visage de play-boy; l'intelligence en plus; l'élégance faite flanker. Il jouait comme on respire et ne balançait jamais un marron, chose rare dans un pack toulonnais où l'on rend au centuple, comme il est recommandé dans les Évangiles. Carrère venait d'offrir à la France son premier grand chelem : décidément l'année de grâce 1968 n'était pas banale.

Herrero… Carrère… Entre les deux, mon cœur balançait. Je me doutais que l'autorité de l'un offusquait celle de l'autre, et réciproquement. Deux caïmans dans le même marigot, deux coqs dans le même poulailler de Mayol. Si j'avais été femme, je crois que j'aurais pris l'un comme époux, l'autre comme amant. Ou inversement. Version toulonnaise de la distinction nietzschéenne : Christian Apollon et André Dionysos. Comme les Boni, la tendresse en moins.

J'espérais que l'âpreté de l'un, la félicité de l'autre trouveraient une synthèse. Allez Toulon ! Gauchistes de tout poil, faites vos soviets à la Sorbonne, mais laissez-les jouer !

La grève générale perdura. Par trois fois la finale fut ajournée. Quand partout le printemps bourgeonne, un dimanche sans rugby n'est pas supportable.

Aussi ai-je enfourché mon vieux Solex, et pris la route. Direction : Toulon. Au pire, me suis-je dit, je verrai Herrero à son comptoir, le talonneur Jo Fabre au sien, Carrère et les autres joueurs à l'entraînement. En outre j'avais une Toulonnaise dans le cœur.

Il faisait chaud et les routes sont belles au pays du rugby. À chaque bourgade une image s'impose, suggérée par les noms de lieux. Dans les Landes le moindre clocher a baptisé un héros de Dax ou du Stade Montois. J'avais été studieux à ma façon, je n'ignorais pas que Saint-Laurent-de-Gosse est le berceau de Crauste, Montgaillard celui de Dauga, Saint-Jean-de-Marsacq celui de Rupert, Pouillon celui des frères Camberabero et de Bastiat.

À Saint-Sever où le stade est dans la plaine, au bord de l'Adour, je croyais voir une gonfle bottée par Brethes passer entre les perches avant de s'envoler dans un ciel à palombes. J'étais trop jeune pour avoir vu jouer Brethes mais je vivais hors les frontières de la chronologie, dans une éternité ovale comme l'univers selon les astronomes de l'époque. J'ai rôdé autour de l'hôpital de Saint-Sever, le cœur en charpie ; en pensant très fort à Guy Boniface.

Je musardais, je cherchais les stades. J'en connaissais déjà beaucoup entre Bordeaux et Béziers. Ils étaient vides, forcément. Je les animais, je les coloriais, je mettais du vert sur les épaules de Saux, du blanc sous la moustache de Christian Paul, du rouge et du blanc sur le torse de Bianco. Le Droff sonnait la charge, le public auscitain exultait et la statue de D'Artagnan, au bas des marches, avant des impatiences dans le fourreau. Je n'avais pas les moyens de m'offrir un « graillou » chez Daguin, ancien deuxième ligne, et je ne connaissais pas la philo de Michel Serres, ancien troisième ligne, mais je savais d'instinct que le rugby, l'armagnac, le foie gras, et la prose de Montluc, c'est la même culture. D'ailleurs l'illustre Darroze, restaurateur à Villeneuve-de-Marsan, avait un fils arrière au Stade Montois, et qui disputa une finale (perdue) contre le Racing. L'arbitre s'appelait… Albert Ferrasse.

À L'Isle-Jourdain j'imaginais Élie Cester enfant. C'est facile : il était déjà grand au T.O.E.C., il a épaissi à Valence, mais son visage est resté rose et poupin.

À Beaumont-de-Lomagne j'habillais Bergamasco, Piccolo et les frères Barrau de blanc, tout réjoui qu'un si petit village pût défier les clubs les plus renommés. Car Beaumont, d'où vient Jean-Pierre Rives, était en nationale, comme Tyrosse.

Chaque fin de saison accueillait parmi l'élite une improbable localité à consonance occitane, qu'il fallait chercher longtemps sur les cartes. Lombez, Mauléon, Prades, Salles, Peyrehorade. Au bout d'un an ou deux, ces Cendrillon regagnent l'anonymat de la seconde division, avec des finances en capilotade. N'importe : leurs stades aux tribunes basses et de guingois auront connu le miracle d'un débarquement d'Agen, de Narbonne ou du Stade Toulousain.

Ainsi ai-je pérégriné en Ovalie profonde, sur un Solex qui prenait des routes de traverse, jusqu'à Toulon où l'on parlait davantage du R.C.T. que de la C.G.T. J'aurais pu, à Marseille, croiser un autre irrégulier, également monté sur Solex : Daniel Herrero cherchait un bateau pour prendre le large.

Daniel Herrero, deuxième du nom, imberbe à l'époque, et très ingambe. Il avait joué toute la saison et on le privait de finale, Dieu sait pourquoi. Dieu, ou André ? Mystère toulonnais. La fugue de Daniel fut plus longue que la mienne, et plus lointaine aussi. Pas facile de se tailler un prénom dans le marbre Herrero quand on arrive après André.

L'aîné des Herrero passait pour communisant. A-t-il manifesté sous des drapeaux rouge et noir, les couleurs du R.C.T. ? Je l'ignore, n'ayant guère quitté les bars de la rade que pour grimper dans les tribunes de Mayol ouvertes aux supporters lors des entraînements. Je me souviens que Daniel Hache, alors tout gamin et coiffé comme les Rolling Stones, arrivait-au stade à Solex, et que Carrère, au jeu « à toucher », était brillant.

Pour se faire les crocs, les Toulonnais convièrent Narbonne à disputer un match amical. Merveilleux dimanche. Des trompettes sonnaient chaque charge, il y avait des Spanghero plein le pack orange et noir, je criais « Allez Toulon ! » de concert avec les indigènes. Somme toute le mois de mai 1968 m'aura offert un beau voyage et des émotions de choix.

Finalement la Chambre fut dissoute par de Gaulle, les voitures se remirent à rouler et la finale eut enfin lieu à Toulouse avec un épilogue décevant : 9-9, Lourdes décrétée championne au bénéfice des essais.

▮ *Rugby blues*, La Table Ronde, 1993.

PIERRE ALBADALEJO

Celui-là s'appelait un arbitre
Aqueth que s'aperava un arbitre

Lorsqu'il s'agissait de conspuer le directeur de jeu, de critiquer systématiquement ses décisions, les métaphores imagées fleurissaient, sans compter les propos orduriers communs à tous les stades. Par contre, j'ai vainement recherché les termes ou expressions soulignant la qualité et les mérites d'un prince de l'arbitrage.

Et pourtant, il me semble encore entendre à propos de mon ami Georges Domercq, ce chevalier du sifflet que tous les pays nous enviaient :

« C'était un Monsieur; celui-là s'appelait un arbitre. »

Qu'era un Monsier, aqueth que s'aperava un arbitre.

Ce verbe « s'appeler » contient beaucoup de respect, exprime une admiration certaine envers la personne que l'on vient de citer. À la campagne, si l'on était conquis par l'orateur qui venait de captiver son auditoire, on s'exclamait :

« Cela s'appelle parler. »

Acà que s'apera parlar.

Je me devais donc de retrouver mon ami Georges, celui qui savait vraiment ce qu'arbitrer « s'appelait », celui dont le sifflet rendait muets aussi bien spectateurs que joueurs. Au moment où les arbitres français me paraissent, à tort, victimes d'un certain ostracisme de la part des instances internationales, mon voyage ou plutôt ma visite amicale dans le petit village béarnais de Belloc se révélait indispensable.

Quelle joie de revoir, en compagnie de mon ami Bernard Lassalle, Monsieur le Premier Magistrat (car ses administrés avaient reconnu, aussi, ses qualités morales) qui nous attendait sur le pas de la porte et scrutant le ciel pour découvrir les grues annonçant l'arrivée du printemps! En guise de bienvenue, un proverbe béarnais jaillit de ses lèvres :

« Quand la grue vole haut. Sous l'aile elle a le chaud. »

Quent la grua vola haut. Devath l'ala qu'a lo caut.

L'ambiance était donnée, la discussion était lancée; rugby et béarnais meubleraient toute la soirée. Sur la table étaient amoncelés souvenirs, articles, photos, documents retraçant, commentant la brillante carrière de notre arbitre de légende. Dès le début de notre entrevue, une photo attire particulièrement mon attention et me permet d'apprécier une fois encore le tact, la délicatesse, le doigté de mon ami Georges. Il avait conservé un cliché sur lequel on le voyait en plein match, toujours bien placé, surveillant le jeune ouvreur que j'étais alors, lançant l'attaque dacquoise. J'avais oublié qu'il m'avait arbitré, mais pas lui. Son premier souci, connaître ses joueurs, repérer les brebis galeuses, distribuer des conseils, non des avertissements.

Quel plaisir de l'entendre égrener tous ses souvenirs ! Pensez donc, un arbitre qui, à peine descendu de l'avion le ramenant d'Angleterre, d'Afrique du Sud, de Nouvelle-Zélande ou d'ailleurs, ne craignait pas d'enfourcher son scooter pour rejoindre Saint-Jean-de-Marsacq, Rion-des-Landes ou Tartas, petite localité qui lui rappelait un des incidents cocasses de sa brillante carrière.

Alors que les deux équipes allaient entrer sur le terrain, un début d'indigestion contraint notre arbitre à rejoindre d'urgence les w.-c. du stade, je devrais dire la modeste cabane en planches assez éloignée faisant office de « toilettes ». L'indisposition est de courte durée mais la porte refuse de s'ouvrir pour le laisser ressortir et le malheureux Georges de tambouriner afin qu'une main bienveillante vienne le secourir. Pendant ce temps, le public s'impatientait, les équipes piétinaient et des tribunes fusait « l'arbitre, aux chiottes ». Ils ne croyaient pas si bien dire, ces supporters et, enfermé dans sa cabane, le principal intéressé aurait bien voulu les rassurer. Enfin, une passante alertée par les cris de notre prisonnier s'approche et entend : « Ouvrez-moi, je suis l'arbitre ! » et l'ingrate de répondre « et moi, le pape... ». Heureusement, la porte finit par céder et l'humble stade de Tartas assista à une partie magistralement arbitrée.

Eh ! oui, pas de mauvais souvenirs, pas de sorties houleuses même après ce terrible match Toulon-Nice où les esprits étaient particulièrement échauffés : les principaux joueurs de Toulon avaient rallié les couleurs de Nice et venaient affronter leurs anciens partenaires. Tous s'attendaient au pire et pourtant, M. Domercq sortit de Mayol sous les applaudissements du public et des joueurs.

Notre entrevue que je fus obligé d'écourter se termina par une surprise que Georges me conta avec son humour béarnais si savoureux et je me reprocherais toute ma vie de ne pas vous la narrer à mon tour.

Alors qu'il venait de diriger un match à Twickenham auquel venait d'assister le futur roi d'Angleterre, le prince Charles, le président de la Fédération anglaise de rugby frappa à la porte de son vestiaire. Le prince souhaitait le rencontrer pour le féliciter après la partie à laquelle il venait d'assister ; il était attendu dans les salons du stade réservés à la famille royale. Lui, le modeste Béarnais, en survêtement, fut présenté au prince qui le remercia chaleureusement et conversa quelques instants avec lui, honneur rarissime et qui souligne en quelle estime le monde du rugby tenait M. Domercq.

Les paroles du futur roi touchèrent profondément le citoyen de Belloc qui, de retour au pays, en avait encore le cœur chaviré,

Qu'en avè lo cor deu demvèrs.

Il fallut reprendre le train-train quotidien car, de ce temps, la prime d'arbitrage ne nourrissait pas son homme. Le billet d'avion lui avait coûté bien cher et il ne savait trop quand il serait remboursé mais quelle fierté de diriger un match dans le temple de Twickenham !…

Et notre arbitre, redevenu le vigneron de tous les jours, revivait ces moments inoubliables, son sécateur à la main. Il revoyait ce supporter anglais se précipitant vers lui et le suppliant de lui serrer fortement la main, dès la sortie du salon royal. « Merci, ajouta ce spectateur, j'ai serré la main de celui qui a été reçu par notre futur roi. »

Perdu dans ses pensées, Georges se surprit à adresser la parole à son outil : « Et toi qui es tenu par celui qui a serré les mains du prince Charles, tu ne dis rien ? »

▮ *Les mouches ont changé d'âne*, La Table Ronde, 2007.

Benoît, Laurent, Thomas et les autres…

J'allais assister aux matches mais je rentrais chez moi dès le coup de sifflet final. Il arrivait que les joueurs passent me voir et, grâce à la disponibilité de ma femme, on improvisait un goûter dînatoire. Je ne me permettais pas de critiquer leur jeu. Ils le souhaitaient, mais ce n'était plus mon rôle.

Je prenais donc du recul par rapport au club. Peu à peu les bases du jeu qui avait fait notre renommée s'effondraient et le Stade Montois cessa d'appartenir à l'élite nationale. Les Montois ressentirent une humiliation, leur club n'avait pas quitté la première division depuis des décennies.

Un drame épouvantable avait eu lieu, au cours d'un match de championnat contre Dijon. Un match sans passion particulière, tout à fait correct. Au cours d'une action banale, sur un départ en percussion comme il en avait fait des centaines, et des plus rudes, Benoît Dauga ne se releva pas. Le grand Benoît qui avait renversé des montagnes d'adversaires, qui avait retourné les avants les plus gaillards – All Blacks, Springboks, Australiens –, restait inanimé. J'étais placé dans le virage, à quelques mètres de l'accident. Je compris très vite la gravité de la blessure. Les vertèbres avaient été touchées et Benoît, l'homme de la Chalosse profonde, le chêne indéracinable de Montgaillard, était paralysé.

C'était difficile à croire, encore plus à accepter. Dès que ce fut possible, je suis allé le voir à Bordeaux dans une clinique où il avait été transporté. Il était dans sa chambre de réanimation, et en scrutant son regard j'ai senti qu'il allait gagner ce match. À ses côtés, dans la même clinique, Magendie, un superbe jeune pilier du Racing, né à Peyrehorade dans les Landes, était lui aussi paralysé depuis une dizaine de jours. Ses vertèbres étaient plus gravement atteintes que celles de Benoît. Les pronostics étaient pessimistes. De fait il mourut quelques jours après. Benoît prenait de ses nouvelles ; pour ne pas l'affoler on lui disait que le pauvre Magendie avait changé de service.

Benoît Dauga a lutté pendant des années avant de remporter le plus difficile de tous ses matches. La force de sa nature, sa volonté farouche lui ont permis de reprendre une vie normale sans toutefois pouvoir pratiquer un sport. Il aura été un joueur fabuleux, un avant dans la lignée des Lochore, Colin Meads ou Du Prez. Il n'était pas méchant mais il savait se faire respecter et il ne craignait personne. Une bagarre entre les équipes de France et d'Afrique du Sud, à Springs, en 1964, est restée célèbre. Ce combat de rue fut sûrement le plus long de toute l'histoire du rugby international. À un certain moment, Benoît se plaça entre les deux packs, les bras écartés, et dit aux Springboks : « Si ça vous intéresse, on peut continuer. » Le calme revint, Darrouy marqua un essai et la France gagna ce match. Les Boks avaient dû sentir que Benoît était prêt à tout.

Dauga savait tout faire : sauter, s'échapper, percuter, plaquer... et son adresse était remarquable. Il illustrait, comme Alfred Roques, les vertus de la vieille ruralité française ; ses mains larges et noueuses me faisaient penser à des ceps de vigne.

Il restera l'avant le plus célèbre du Stade Montois mais durant ma longue carrière j'ai côtoyé dans ce club plusieurs joueurs de grande valeur. Pierre Pascalin, le meilleur talonneur français des années cinquante, fut le premier international du Stade Montois et fit partie de la première équipe de France victorieuse des Anglais à Twickenham en 1951. Robert Carrère, Jean-Baptiste Amestoy, Pierre Lacroix, Pierre Cazals, Paul Tignol, Roger Bourdeu furent internationaux mais il y avait aussi à Mont-de-Marsan de très bons joueurs qui ne furent pas sélectionnés à l'image de Patrick Nadal, un attaquant extrêmement doué. Les journalistes l'avaient appelé « le nouveau Boni », ce qui lui valut peut-être de ne jamais être international. Pourtant il dominait les trois-quarts centre de son époque. Il se console avec son bel humour, en se qualifiant de « recordman des non-sélections ». Il peut aussi se dire que les amoureux du beau rugby ne l'ont pas oublié. Moi, parmi d'autres.

Certains joueurs n'ont jamais défrayé la chronique et ne sont pas sortis de l'anonymat. Je pense à Félix Martinez, pour qui j'avais une grande estime et qui est resté un ami. Il se dévouait dans l'ombre, effectuant les tâches les moins spectaculaires, mais essentielles à l'équipe. C'était un avant de devoir, plein de bravoure et de générosité, aussi exemplaire sur les stades que dans son travail de chef d'équipe à E.D.F. Tous les lundis matin, que nous rentrions de Toulon, d'Aurillac ou de Saint-Claude, souvent tard dans la nuit, il reprenait son travail à 8 heures. Je tiens à lui rendre cet hommage, qui dans mon esprit rejaillit sur tous les avants sans lesquels les attaquants ne pourraient pas s'épanouir.

Puisque je fais tourner le moulin de mes souvenirs de joueur, comment ne pas évoquer un autre international du Stade Montois, celui par qui se terminaient la plupart de nos actions. Christian Darrouy fut un des plus grands ailiers de son époque. Il aurait pu faire une belle carrière de footballeur, ayant été contacté tout jeune par les Girondins de Bordeaux et le T.F.C. de Toulouse. Il prit goût au rugby en disputant quelques matches avec le lycée. Ses copains l'emmenèrent au Stade Montois. Il débuta en juniors. J'étais allé le voir. Sa vitesse m'impressionna. Il avait l'âge de Guy et, sans hésiter, on l'intégra en équipe première. Pour son premier match à nos côtés, il marqua trois essais contre le Stade Toulousain. Sa carrière exceptionnelle était lancée. Il fut à sept reprises le meilleur marqueur d'essais de la saison en championnat de France et garda très longtemps le record d'essais en matches internationaux. Il avait la délicatesse de dire qu'il avait pris goût au rugby grâce à nous, sans se douter qu'il allait devenir le complément idéal que nous cherchions. Car une action, si belle soit-elle, retombe dans le néant si elle n'aboutit pas. Christian était capable, sur le moindre petit décalage, de déposer le ballon dans l'en-but après une course de 50, de 80 ou de 100 mètres. Son sens du timing lui permettait de se placer exactement à l'endroit d'où il pourrait effectuer une accélération sur la prise de balle, au moment de la passe. Lorsqu'il était au bataillon de Joinville pour effectuer son service militaire, il rivalisait en vitesse pure avec les meilleurs sprinters français. D'ailleurs Maigrot, qui entraînait les coureurs du 4 × 100 mètres, l'avait contacté. Christian refusa. Si, comme il le prétend, nous lui avons donné le « goût » du rugby, il nous a donné celui de bien le « servir ». Grâce à son talent, à sa verve, à son humour, nous avons passé des moments inoubliables.

En 1975, l'équipe de Mont-de-Marsan s'est retrouvée en groupe B – l'équivalent d'une deuxième division. Je ne sais quelle raison m'a poussé à reprendre l'entraînement. Je n'avais pourtant plus le feu sacré. Ce come-back me permit de découvrir un jeune de dix-huit ans, Laurent Rodriguez, qui jouait à Lannemezan. Hormis Benoît Dauga, je n'avais pas connu un joueur possédant de telles qualités physiques. Il était né pour jouer au rugby et non pour somnoler au collège de Nogaro qu'il venait de quitter en classe de seconde car, en poussant sans violence un surveillant, il lui avait cassé l'épaule. Laurent fit très vite des progrès. Malheureusement, certains joueurs l'ont jalousé. L'esprit qui régnait n'était pas celui d'une équipe de rugby telle que je la conçois et, quelques mois plus tard, j'ai cessé d'entraîner le Stade Montois. Je n'avais pas retrouvé le plaisir que j'avais pris avec les jeunes, quelques années auparavant. Aucun enthousiasme, aucune confiance. Je continuais à voir Laurent et à l'entraîner physiquement. Je lui faisais prendre conscience des moyens exceptionnels qu'il se devait d'exploiter. En dépit de conditions peu favorables il dictait sa loi tous les dimanches, tant par son physique que par sa technique. Il devint international et quitta le Stade Montois. Je n'eus pas de regrets lorsqu'il prit cette décision car il méritait plus de considération et il était logique qu'il cherche à s'épanouir dans une grande équipe. Il a choisi Montferrand. Il débuta en équipe de France en 1981 et y resta jusqu'en 1990. Il aura été la pierre angulaire du pack français pendant ces années quatre-vingt. Il n'a pas connu la notoriété qu'il méritait car il avait horreur de la médiatisation, mais, pour moi, Laurent fut un des plus grands avants depuis la reprise du Tournoi des Cinq Nations, et ses anciens adversaires ne me démentiront pas.

Il me plaît d'évoquer un autre international, Thomas Castaignède, bien qu'il ait quitté très jeune notre club. Un dimanche matin, je m'amusais à taper des balles de golf à la « plaine des jeux », qui comportait trois terrains de rugby et deux terrains de foot. Sur un des terrains avait lieu un match de rugby. La fibre vibrait encore ; je ne pouvais m'empêcher de regarder davantage le ballon ovale que la petite balle blanche dans laquelle je swinguais sans application.

Mon regard fut particulièrement attiré par un des jeunes. Dès qu'il touchait le ballon, il extériorisait un talent remarquable. Il courait vite, le buste droit, la tête haute, savait juger d'un regard toutes les situations de jeu. Il butait aussi avec élégance et facilité. Je me suis approché de la main-courante. Ce gamin m'émerveillait. Ces gestes purs, ma mémoire les avait presque oubliés. Il jouait demi d'ouverture et offrait à ses partenaires de bons ballons, ayant effectué les meilleurs choix. Il devait y avoir une vingtaine de spectateurs et je reconnus parmi eux Pierre Castaignède et sa femme. Je suis allé les saluer et leur ai fait part de mon enthousiasme en voyant rayonner ce gamin de quatorze ans. Pierre me dit, avec la modestie qui le caractérise, qu'il s'agissait de son fils. C'était donc ce petit Thomas qui, depuis l'âge de quatre ans, s'habillait en rugbyman jaune et noir dans les vestiaires auprès de son père. Il avait grandi et reflétait quelques années plus tard l'esprit de jeu que son père lui avait inculqué. Le jeu dit « à la montoise ». Le fluide était passé, l'héritage était dans de bonnes mains.

Thomas joua en cadets au Stade Montois pendant deux saisons. Il passa son bac « scientifique » et à dix-sept ans et demi partit à Toulouse continuer ses études en génie chimique. Il ne pouvait venir tous les week-ends à Mont-de-Marsan et alla frapper à la porte du Stade Toulousain. On lui fit banalement passer des tests, comme à tous les nouveaux joueurs. Les résultats furent exceptionnels. Il joua en équipe juniors et intégra rapidement l'équipe première. Le Stade Toulousain fut champion de France cette année-là et l'entraîneur Guy Novès fit entrer Thomas en cours de match.

Une tournée des Barbarians en Australie était prévue à l'intersaison. J'ai proposé son nom avec insistance. Thomas fut retenu dans le groupe et partit à dix-huit ans et demi vivre sa première grande aventure. Je n'avais pu m'associer à cette tournée à cause de la santé de mes parents. J'ai confié Thomas à François Sangali, un centre de Narbonne du même esprit que le mien. Il l'a parrainé avec enthousiasme. Ce gamin débordant de joie de vivre, intelligent, passionné, fit l'unanimité. Tel fut le début d'une belle carrière, qui n'est pas terminée. Je dois l'avouer : j'ai éprouvé une certaine fierté lorsque les journalistes le baptisèrent « le Petit Boni ». Il m'écrivit une lettre émouvante où il évoquait Guy, son père lui ayant raconté ses souvenirs de jeunesse.

Thomas est devenu un ami. J'ai des contacts téléphoniques fréquents avec lui et, lorsqu'il vient sur la côte landaise, nous nous retrouvons avec ses parents. Je le considère comme une des personnalités les plus marquantes de notre club. Son esprit, sa formation de base, c'est au Stade Montois qu'il les a acquis. Personne ne contestera cette évidence.

La vie du Stade Montois continuait sans moi. Je consacrais mon temps à ma famille, à mon magasin, à mes parents, toujours entre Mont-de-Marsan et Montfort-en-Chalosse.

Croyant sans doute me faire plaisir, mon fils François décida de jouer au rugby. Au Stade

Montois, bien entendu. Il fit son premier et dernier match à Saint-Sever, ce qui est une coïncidence pathétique. Saint-Sever où j'ai rencontré Michel Crauste pour la première fois, avec Guy. Saint-Sever où j'ai dit adieu à Guy. La partie se jouait le matin sur un terrain en bordure de l'Adour, le seul fleuve traversant les Landes, qui avait débordé quelques jours auparavant. Le sol était extrêmement boueux, à la limite du praticable. Il devait y avoir dix spectateurs, plus mon père et moi. François jouait arrière et fut bombardé de « chandelles ». Ses adversaires s'acharnaient à le démolir, sous les encouragements des quelques supporters locaux. Haro sur le fils Boniface !

Pour la première fois, j'ai vu mon père s'énerver. Il s'accrocha même sérieusement avec les Saint-Severins qui étaient les plus excités. À la sortie des vestiaires, François vint vers nous, complètement abattu. J'ai deviné ce qu'il avait envie de me confier et lui ai dit : « Si tu n'as plus envie de jouer, tu peux arrêter. » Je l'ai senti soulagé. Mon père et moi l'étions tout autant. S'il avait continué, sa carrière aurait été un calvaire, ou presque.

François a pris une tout autre orientation sportive, en devenant un des meilleurs surfeurs de la côte landaise. Il est allé passer deux années de sport-études tennis chez mon ami Georges Deniau, qui fut un des meilleurs joueurs français. Puis François a passé le professorat et enseigne toujours le tennis au club d'Hossegor.

Notre magasin avait ses fidèles. Parmi eux, la famille Juppé. Je revois l'étudiant Alain. Il attendait l'été pour acheter ses jeans, ses polos, ses maillots de bain. Il venait en toute décontraction nous parler de sa vie parisienne. Je l'avais connu très jeune et je voyais ses parents pratiquement tous les jours. Son père, qui avait joué au Stade Montois, l'emmenait au stade chaque dimanche. Ce qui l'a initié, sans lui donner envie de jouer. Il devait penser davantage à ses études. Il avait tout de même un esprit sportif, car il faisait régulièrement des footings et de la natation. Je savais par sa mère qu'il travaillait beaucoup et avait une hygiène de vie très stricte. Il continue de courir, de nager et il sait apprécier un match de rugby.

Au lycée Victor-Duruy, que nous avions fréquenté à des périodes différentes, il se disait que Juppé et Boniface avaient un point commun. Il était – de très loin – le numéro un pour les études ; j'étais le numéro un pour le sport. À chacun sa destinée. Celle d'Alain aura été brillante, et peut le redevenir. Je le revois toujours avec plaisir et avant son départ pour le Canada je suis intervenu dans un film sur sa vie. Pour préparer la séquence, nous avons passé un long moment ensemble dans la maison de ses parents, au bord du lac d'Hossegor. Très détendu, il m'a parlé de sa jeunesse, de son admiration pour Guy et pour moi. J'étais surpris et d'autant plus flatté que ces éloges étaient manifestement sincères. Il me rappela quelques matches auxquels il avait assisté. Ayant été le premier à obtenir la cassette de la finale du championnat Mont-de-Marsan-Dax, il fit la surprise de la projeter à ses anciens congénères du lycée lors d'un repas amical.

▮ *Nous étions si heureux...*, La Table Ronde, 2006.

ANTOINE BLONDIN

Jean-Pierre Rives : il est encore mieux qu'un capitaine, c'est un général !

Quand je l'ai connu, Jean-Pierre Rives était le capitaine de l'équipe de France aux longs cheveux dorés. Le spectacle torrentueux de ce grand blondinet offrait au petit Blondin un charme qui soulevait sa destinée assise, pour ne pas dire couchée. J'eus l'occasion de lui offrir la cravate d'un club nocturne, baignée de whisky ; il me répondit par celle des internationaux de rugby, agrémentée d'un merveilleux flacon pour buveur ambulant. Qu'on imagine une mince bouteille enrobée dans le cuir qu'on peut plaquer contre sa fesse. Digne enfant d'un lieutenant-colonel, Jean-Pierre était mieux encore qu'un capitaine, c'était un général !

À la veille du match France-Irlande, Rives met en évidence et symbolise les buissons de sacrifices et d'abnégation qui jonchent les fatalités les plus remarquables. Mais il assemble également sur soi l'ambition, l'autorité, la générosité et le rayonnement où se reconnaît le premier de la classe, l'expression évoquant moins ici l'écolier que le conscrit des années quatre-vingt. Sa silhouette révèle ses jardins secrets, une sorte de paradis terrestre que l'on réserve à son côté pour qu'il ne devienne pas un paradis perdu.

On m'a souvent demandé si mon goût pour le rugby ne m'incitait pas à faire d'un grand joueur le héros d'un roman. L'existence d'une littérature sportive n'est pas mise en question. On ne saurait pourtant affirmer que le sport jouisse de la plénitude de ses droits civiques dans la république des lettres et les textes qu'il a su inspirer ne laissent pas de demeurer dans une sorte de ghetto. Quand Balzac publie *Grandeur et Décadence de César Birotteau,* il ne viendrait à l'idée de personne de prétendre qu'il a écrit l'épopée de la parfumerie, pas plus que *La Bête humaine,* de Zola, ne se réduit à une histoire de mécaniciens de locomotives. En revanche, consentez à raconter ce qui est arrivé à Serge Blanco ou à Jean-Pierre Rives dans leur vie quotidienne et vous aurez composé, que vous le vouliez ou non, avant tout et pour toujours, un ouvrage sur le rugby. J'ai l'intention de m'atteler à ce problème en essayant de montrer qu'un joueur de rugby n'est pas fatalement l'homme d'une seule idée fixe et que la vie pour lui n'est pas qu'un « second métier ». Le charme si particulier de Jean-Pierre Rives tient à un mélange subtil entre la nostalgie et l'humour, la mélancolie et la tendresse. Certes, je ne pense pas que les qualités de cœur font essentiellement les grands écrivains, elles font plutôt les grands lecteurs. Il ne faut pas oublier qu'ils en ont un. Se contenter de chercher l'adhésion intellectuelle, de viser la tête, est insuffisant. On peut aussi frapper au cœur ; c'est au-dessus de la ceinture, c'est permis... Or, il va de soi que, pour faire entendre ce langage, il faut d'abord le parler soi-même.

Je conserverai longtemps l'image hardie et radieuse de Jean-Pierre aux quatre coins du terrain. Et je reconnaîtrai davantage encore son visage plein d'excitation, parfois atteint par quelques mâchures d'une fatigue profonde.

Je garderai de lui un jeu de silhouettes, sous le maillot ou le blazer civil de l'équipe de France, dans le cœur de l'hiver, lorsqu'il venait passer quelques moments avec nous et s'en trouvait bien. Il avait été adopté, comme on peut l'être par des rues parisiennes, qui accueillent volontiers la célébrité apprivoisée. Ce gai compagnon, que les experts britanniques tenaient pour l'un des meilleurs « troisième ligne » en activité, entrait dans la vie des autres comme le soleil se lève. Sa façon de vivre et sa façon de jouer, également fantasques, se confondaient. Elles provoquaient l'engouement. Il faisait bon habiter, être enfoui dans sa mémoire à lui. Prodigue à la folie, serviable envers chacun, il paraissait qu'on y faisait l'objet des plus rares attentions.

▮ *Ironies ovales*, La Table Ronde, 2007 (*Paris Match*, 27 janvier 1984).

ANDRÉ BONIFACE

La nostalgie et l'espérance

J'ai déjà dit combien mes liens d'amitié avec Jean Prat étaient forts. Depuis plusieurs mois il luttait contre un mal implacable, avec son courage légendaire, sa rudesse de montagnard. Il livrait un match, le dernier, mais, cette fois, il n'en sortirait pas vainqueur.

Durant l'été 2004, nous fêtions ses quatre-vingt-un ans à Saint-Geours-de-Maremne, chez Jean Glavany, avec le noyau dur de ses amis. Moi qui passais pour une grande gueule, je ne suis pas un bon orateur. Je me suis levé et avec mes « mots à moi », j'ai laissé parler mon cœur. Je lui dis que je l'avais choisi comme deuxième père et deuxième frère à la fois, pourquoi je l'aimais, pourquoi on l'aimait. Un de mes petits-fils s'appelle Jean, il lui a envoyé son premier cadeau.

Quelques mois plus tard, sans avoir voulu que l'on tente une dernière opération, il nous quittait. J'avais perdu un être qui m'apportait beaucoup. Le 25 février 2005 eurent lieu ses obsèques. Il avait choisi quelques mois plus tôt un endroit superbe dans la montagne, près du lac des Gloriettes où il voulait que l'on disperse ses cendres : « C'est là, me disait-il. John était un homme de la montagne, il y est revenu pour l'éternité. »

Sa disparition m'a rapproché de son frère Maurice, qui vivait retiré du monde depuis des années. Il avait éloigné le rugby de sa vie, mais la fibre vibrait encore. Il s'est abonné aux chaînes sportives de télévision et après chaque match nous échangeons nos vues comme je le faisais avec John. Leur F.C. Lourdais avait été mon modèle. Nos jugements se rejoignent, mais restent confidentiels. Maurice a retrouvé le goût du jeu, je suis heureux d'avoir contribué à le lui redonner.

Au début de l'été 2003, Colette Besson inaugura à Mont-de-Marsan la piste d'athlétisme du stade Guy-Boniface. Jean-Paul, son mari, l'accompagnait. C'est un ancien joueur de rugby dont le père était de Villeneuve-de-Marsan, pays de Robert Carrère (international), de Roumat (international), et de Darroze, le père d'Hélène, qui avait joué au Stade Montois avec nous. Jean-Paul était heureux d'être là ; il avait vécu sa jeunesse dans le culte du jeu à la montoise.

Colette était superbe, elle faisait l'admiration de tous. On pouvait la croire encore capable de faire un beau tour de piste. Son discours exprima sa joie d'inaugurer cette piste dans le stade de Guy qu'elle n'avait pas connu, son accident ayant eu lieu neuf mois avant qu'elle ne devienne championne olympique à Mexico, l'été 1968. Mais elle était mon amie.

J'ai retenu une phrase importante dans son discours : « Je terminerai par un vœu personnel. Quand on me demande quelle est la plus belle chose que le sport m'a apportée, je réponds sans hésiter : la santé. Quand on voit certaines dérives dans le sport d'aujourd'hui, je souhaite que tous les sportifs, trente-cinq ans après leur carrière, puissent faire la même réponse. » Le sport, on le sait, a beaucoup évolué depuis l'époque où j'ai chaussé mes premiers crampons. Je veux croire que les vrais sportifs continueront de pratiquer sainement, sans dopage, sans tricheries, avec leurs qualités propres, sans dénaturer leur anatomie. Je veux le croire parce que je suis toujours aussi passionné, mais j'avoue mon inquiétude : les sportifs de haut niveau s'appartiennent de moins en moins. Même les rugbymen. Le rugby étant devenu professionnel, ils sont tenaillés entre les dirigeants, les entraîneurs, les sponsors et les agents qui sont en quelque sorte des marchands de chair humaine. Je ne mets pas les joueurs en cause, le système les prive de liberté. Nous aurions été incapables d'évaluer notre valeur marchande, même si nous avions eu des agents. Les prix auraient monté, les joueurs seraient vite devenus comme aujourd'hui des mercenaires itinérants. J'ai le plus grand mal à imaginer ma propre carrière dans un tel univers. Je ne juge personne, je pense seulement que le sport est à un moment charnière de son histoire, et ça me fait peur.

Nous sommes revenus à Hossegor, Colette et son mari ont passé deux jours avec nous, ce qui nous a permis de faire un parcours de golf à Moliets, dans un endroit superbe au milieu de la forêt landaise et en bordure de l'océan. Colette qui jouait depuis peu était très douée.

Avant qu'ils ne nous quittent Jean-Paul m'avait confié qu'il était inquiet : Colette devait approfondir les examens médicaux qu'elle venait de passer la semaine précédente.

Quelques jours plus tard il me téléphona pour m'annoncer une très mauvaise nouvelle. Colette souffrait d'un mal incurable et très avancé. Sa vie ne tenait qu'à un fil. Pour nous qui venions de la voir resplendissante, cela semblait irréel. On se rencontra souvent, elle se battait avec une volonté farouche. Jean-Paul vivait à ses côtés des moments difficiles, en lui apportant un soutien formidable. Nous avons rejoué au golf. Elle essayait d'être plus forte que le mal, mais la lutte était inégale. La médecine s'était prononcée pour six mois de vie. Avec un courage inouï, elle s'est battue pendant deux ans et décéda le 9 août 2005. Ses obsèques eurent lieu à La Rochelle. Lorsque son cercueil sortit de l'église, des milliers de personnes applaudirent chaleureusement leur championne. Ce fut sa dernière haie d'honneur.

Enfin, pas tout à fait. Le maire de Mont-de-Marsan souhaita donner le nom de Colette Besson à la piste qu'elle avait inaugurée. Je l'ai approuvé avec enthousiasme, ayant pour Colette une énorme affection. On arrêta une date, qui coïncida avec les championnats régionaux d'athlétisme. Jean-Paul fut ravi et le 25 juin 2006 une magnifique plaque fut dévoilée. Elle se trouve contre la tribune d'honneur, à quelques mètres de la statue de Guy. L'image de Colette est superbe, c'est celle qui a fait le tour du monde : son arrivée victorieuse à Mexico. Elle portait le dossard 117. Elle était devenue ce jour-là « la petite fiancée de tous les Français ».

Le député-maire fit un discours. Celui de Jean-Paul associa Colette à Guy dans ce stade qui porte son nom. Benoît Dauga et Christian Darrouy étaient venus partager ces instants, précieux pour Jean-Paul. J'étais d'autant plus heureux que nos carrières ont présenté des similitudes. Les démêlés de Colette avec sa fédération n'étaient pas sans rappeler les nôtres vis-à-vis des « gros pardessus » de la Fédération française de rugby.

Cliff Morgan est un ancien demi d'ouverture gallois, contre qui j'avais joué au début de ma carrière. Par la suite il a dirigé la chaîne sportive de la B.B.C. Je ne l'avais jamais revu. Il m'a écrit, au cours de l'automne 2005, pour m'annoncer que j'allais être intronisé dans le « Hall of Fame ». En français : le Panthéon de la gloire. Je ne pouvais pas être insensible à cet honneur exceptionnel, sachant que cinq Français seulement ont été admis dans le fameux « Hall of Fame » (Jean Prat, Jo Maso, Philippe Sella, Jean-Pierre Rives, Serge Blanco). On y retrouve les noms les plus prestigieux du monde rugbystique, depuis le Gallois J.P.R. Williams ou le All Black Colin Meads jusqu'à l'Australien Campese.

Nous étions dix nouveaux intronisés :

— Fred Allen (arrière All Black) ;
— Phil Bennet (demi d'ouverture, gallois) ;
— Naas Botha (demi d'ouverture, Afrique du Sud) ;
— John Eales (deuxième ligne, Australie) ;
— Grant Fox (demi d'ouverture, All Black) ;
— Martin Johnson (deuxième ligne, anglais) ;
— Ian Macgeechan (demi d'ouverture, écossais) ;
— François Piennar (troisième ligne, Afrique du Sud) ;
— Keith Wood (talonneur, irlandais) ;
— André Boniface (centre, français).

Je suis passé au cimetière de Montfort avant de partir à Londres, accompagné d'Anny qui était invitée. C'était la première fois et les organisateurs ont poussé la délicatesse jusqu'à lui procurer une interprète.

Chacun de nous avait un parrain. Mike Gibson, l'ancien centre irlandais, était le mien. Jo Maso et Philippe Sella, déjà membres du « Hall of Fame », sont venus partager cette soirée avec moi. J'ai été très sensible à leur présence.

Je fus soumis à une séance d'autographes sur une plaquette *International Rugby Hall of Fame,* où chaque intronisé avait une page réservée avec une photo significative de son style de jeu et un texte retraçant sa carrière. La biographie mentionnait Guy : les Britanniques ne l'ont pas oublié.

La soirée de gala, dans un hôtel de Chiswell Street, m'a impressionné par le respect presque religieux que les Britanniques vouent au sport. Dans ces pays, le sportif n'est pas une star du muscle fabriquée par les médias, puis remplacée par une autre star et renvoyée au néant. C'est une personnalité reconnue comme telle, même si ses exploits ne sont pas récents.

À la fin du dîner, chacun des dix nouveaux intronisés monte sur une scène où l'attend son parrain. Mike Gibson a débuté contre moi à Colombes, il y a plus d'un demi-siècle. Avec humour, il a dit son plaisir de se retrouver à mes côtés car, ce jour-là, il avait pu tout juste m'apercevoir. Hommage sympathique à ma pointe de vitesse.

Un film a été projeté, résumant la carrière des nominés. J'ai retrouvé Guy dans toutes ces phases de jeu, il était pour moitié dans l'hommage qu'on me rendait. Guy qu'un chroniqueur anglais avait qualifié de « joyeux cavalier ».

D'habitude je n'aime pas beaucoup les solennités. Mais on sentait chez les invités un recueillement qui prouve la place éminente du sport dans l'éducation britannique.

Si j'avais été élevé en Angleterre, j'aurais terminé mes études. En France, il a toujours été admis tacitement qu'un sportif de haut niveau n'a pas besoin de faire des études. Au sortir de l'adolescence, alors que les facultés intellectuelles commencent à s'épanouir, j'étais déjà international juniors et, sans m'en rendre compte, j'ai été victime de ce préjugé. C'est tellement plus facile et tentant, à seize ans, de choisir le sport… et l'aura éventuelle qu'il procure. J'avoue regretter de n'avoir jamais été étudiant. J'ai évoqué mon seul contact avec un dirigeant susceptible de m'orienter vers des études supérieures, ce professeur de faculté qui m'avait suggéré de passer le bac et de monter à Paris. J'aurais joué au P.U.C. et, peut-être, obtenu des diplômes…

Dès mon retour de Londres, je suis allé à Montfort. Inutile d'expliquer pourquoi. Un sentiment me surprenait : je suis landais, Montfort-en-Chalosse est ma patrie. Mais j'ai consacré ma vie à un jeu, qui est plus qu'un jeu – et c'est à Londres que le rugby a ses vraies racines. Une partie de moi-même est britannique.

Le rugby est toujours dans ma vie. Dans mon cœur, juste après ma famille. Je suis toujours aussi passionné, c'est ma nature, mais l'objet de ma passion me semble menacé par l'évolution. Le passage brutal au professionnalisme a tout bouleversé. Je n'avais pas imaginé qu'il puisse se produire – et surtout pas à l'initiative des Anglais qui pendant un siècle ont été les gardiens sourcilleux de l'amateurisme. Depuis, un ressort s'est cassé, je ressens un malaise.

Le rugby, en France, était et est encore un sport de villages et de villes moyennes telles que Mont-de-Marsan. J'ai peur que ses valeurs fondamentales disparaissent. L'amitié, la solidarité, l'esprit d'équipe ne sont plus ce qu'ils étaient.

J'ai peur que l'argent dénature ce jeu. La lutte des chaînes pour l'achat des droits de retransmissions me choque. Le plus riche, qui enlèvera fatalement le marché, sera-t-il le plus apte à véhiculer ces valeurs ? Rien n'est moins sûr.

Je vais toujours voir des matches, mais avec moins d'enthousiasme car l'esprit de clocher, l'amour du club tentent à disparaître, du moins au niveau le plus élevé. Le joueur vient des antipodes. Il est recruté par Castres. L'année suivante il sera à Bourgoin ou ailleurs, avec des équipiers qui ne parlent pas la même langue. Que deviendra-t-il à la fin de sa carrière ?

Je suis également choqué par le fait que les clubs se croient obligés de prendre des entraîneurs étrangers. On peut trouver en France des gens capables d'exercer ces fonctions et surtout de perpétuer le jeu qui nous est propre. La manie de copier l'hémisphère Sud est absurde. Ils ont leurs qualités et surtout leurs défauts, laissons-les vivre avec.

Il y a certes de plus en plus de spectateurs dans les stades du Top 14, c'est la conséquence de la médiatisation. Mais dans les autres stades? Je n'ai aucune nostalgie de mon époque, car je n'ai aucun regret. Le bonheur que m'a procuré le rugby est immense, c'est pourquoi j'ai éprouvé le besoin d'égrener mes souvenirs. Pour les partager avec d'autres, comme j'ai partagé avec mon frère, mes amis, mes anciens coéquipiers ou adversaires. L'essentiel est d'avoir pris le plus de plaisir possible et d'avoir pu exploiter toutes mes possibilités. Je n'ai pas honte de ce que j'ai réalisé sur les terrains, au contraire. Aucun regret, donc.

On me dit souvent que si je jouais aujourd'hui, je toucherais beaucoup d'argent. C'est vrai. Je ne serais pas obligé de continuer à travailler à l'âge de soixante-douze ans. Heureusement, mon employeur est bienveillant, compréhensif, et mon métier de public relations me permet de rencontrer des gens qui pour la plupart connaissent le rugby « ancien ». Ils sont contents de pouvoir l'évoquer avec moi.

Les règles ont changé. Certaines auraient avantagé notre jeu : la ligne de défense sur touche à 10 mètres ; les troisièmes lignes liées à leur mêlée jusqu'à la sortie du ballon ; l'interdiction de taper directement en touche hors des 22 mètres. On imagine les possibilités de relance sur ces ballons expédiés 50 mètres en avant, à l'intérieur du terrain. Ces règles sont faites pour avantager le jeu d'attaque ; encore faut-il en avoir l'esprit. Les enjeux financiers s'y opposent.

Je supprimerais l'interdiction d'écrouler un maul. C'est un acte défensif comme un plaquage ; d'autant que la plupart de ces mauls avancent d'une manière désordonnée, chacun tirant son coéquipier sans vraie cohésion collective. Je souhaiterais aussi que le joueur plaqué avec le ballon, faute grave dans la conception du jeu collectif, lâche le ballon instantanément, de sorte que le plaqueur puisse s'en saisir. Il tirerait logiquement profit de son plaquage et de la faute de l'adversaire. Ainsi, les joueurs passeraient le ballon avant d'être plaqués, on verrait beaucoup plus de jeu déployé et beaucoup moins d'essais manqués à deux contre un, quelquefois à trois contre un. Rien ne m'agace davantage que ces fautes-là. J'entends dire aussi que, face aux « monstres » d'aujourd'hui, les amateurs que nous étions seraient balayés. Peut-être. Mais je courais tout de même le 100 mètres en moins de 11 secondes et Christian Darrouy confirmera qu'à deux contre un, nous n'avons pas manqué beaucoup d'essais.

Le coaching dénature la logique d'un match avec cette possibilité de remplacer sept joueurs. Lorsqu'une première ligne est usée par la puissance ou l'habileté de sa rivale, on la change pour faire rentrer des joueurs frais. C'est choquant. Lorsqu'un troisième ligne qui est monté des dizaines de fois en défense est au bout du rouleau, on lâche un remplaçant qui piaffe sur la touche, ce qui annihile le travail d'une équipe ayant épuisé sa rivale, tant au niveau des avants qu'à celui des courses des trois-quarts. Les deux équipes ont certes les mêmes droits, mais la richesse en hommes n'est pas la même selon les finances du club. Trop souvent les équipes dotées du meilleur banc s'en sortent en fin de match. Il est pourtant évident que lorsqu'on court un 1 500 mètres, les 200 derniers mètres sont les plus difficiles. En rugby, les vingt dernières minutes décident presque toujours du sort d'un match. C'est une forme d'injustice. En outre, le coaching est frustrant pour les joueurs de haut niveau qui, tout en étant en pleine forme, jouent quelques minutes, un match sur deux ou sur trois. On gâche leur jeunesse.

On peut concevoir le remplacement de deux joueurs sur blessures constatées par un médecin neutre. Les règles du jeu « de mon temps » étaient trop dures, on ne pouvait pas remplacer un blessé et il arrivait qu'une équipe finisse un match à treize. Je ne suis donc pas hostile par principe aux changements, si l'esprit du jeu de rugby n'est pas menacé. J'ajouterais : l'esprit du sport, en repensant à la mise en garde de Colette Besson.

Parfois, je vais me ressourcer en allant soutenir mon équipe de Montfort-en-Chalosse. J'y retrouve mes vieux coéquipiers minimes, « vainqueurs à Dax » au milieu du siècle dernier. J'y retrouve aussi un esprit amateur, il me laisse espérer que le rugby continuera de vivre avec les mœurs que j'ai connues. Ces clubs qu'on dit à tort « petits », encadrés par des dirigeants bénévoles, sont l'honneur de notre rugby. On y rencontre des personnalités exemplaires, à l'image de Freddy Labarthe, le capitaine de l'U.S. Montfort.

Ce garçon possède une ferme modèle qu'il exploite en famille. Il lui arrive fréquemment d'apporter du pâté, du saucisson, du jambon, pour improviser un repas entre joueurs après l'entraînement. C'est un excellent joueur, il n'a que vingt-six ans, il aurait pu signer à Dax ou à Mont-de-Marsan. Il a préféré se consacrer à son travail et à son club, c'est tout à son honneur. Il existe beaucoup de Freddy Labarthe dans les clubs de nos campagnes et de nos petites villes et ce sont eux qui pérennisent l'esprit du rugby français.

Récemment, l'équipe de Montfort a remporté le challenge de l'Espoir devant une équipe de demi-mercenaires de la région toulousaine. J'ai assisté à cette finale et la victoire de mon club m'a rempli de joie, elle avait une valeur symbolique.

Mes deux petits-fils, Jean et Paul, vont avoir quatre ans. Je souhaite qu'ils soient des « Cœurs Vaillants ». L'association a sûrement disparu, mais c'est l'esprit qui importe, les valeurs de base que m'ont inculquées mes parents.

Je souhaite qu'ils puissent, comme nous, poser leur cartable sur une place publique pour y jouer jusqu'à la nuit. Pas forcément au rugby. Jouer, tout simplement. S'ils choisissent le rugby, je ne les en dissuaderai pas, même si celui qu'on voit à la télévision ressemble de moins en moins à celui que j'ai pratiqué.

Ces deux petits me comblent, j'essaye d'être un bon grand-père. Bientôt je les emmènerai à Montfort, pour qu'ils connaissent le décor de la jeunesse de « papy » – un modeste village des Landes, le plus beau à mes yeux.

Une image me redonne confiance. Celle de Tiger Woods, le sportif le plus adulé de la planète, et celui qui gagne le plus d'argent. Après sa victoire dans l'Open américain, il est tombé en larmes dans les bras de son caddie. Quelques jours plus tôt, son père était décédé des suites d'une maladie. Qu'ils soient milliardaires ou aussi peu argentés que moi, les sportifs ont du cœur, et sont capables d'amour. Il ne faut désespérer de rien – et c'est avec une passion enfantine, la passion d'un petit « Cœur Vaillant » de Montfort, que j'attends la future Coupe du Monde de rugby. Pour la première fois, elle se déroulera en France. Et comme tous les Français, de Montfort et d'ailleurs, je serai un supporter enthousiaste de l'équipe de France. Je souhaite qu'elle soit championne du monde. Je souhaite qu'elle le soit en jouant « à la française ».

Un rêve revient souvent, hante mes nuits et il me trouble énormément. Je suis avec Guy dans le petit vestiaire du stade de Montfort. On se prépare, on se concentre. On attend le moment où notre amour fraternel va pouvoir s'exprimer. Nous sommes prêts, l'heure du match approche et nous ne pouvons jamais trouver la porte pour sortir sur le terrain.

C'est un rêve cruel, comme la vie peut l'être. Heureusement, nous avons toujours trouvé la porte du bonheur fabuleux que nous avons eu par la grâce du rugby.

Hossegor, 2005-2006.

▮ *Nous étions si heureux…*, La Table Ronde, 2006.

Biographie des auteurs

Pierre Albaladejo (1933-)

« Bala », ou encore « Monsieur Drop », est l'un des joueurs de rugby français les plus célèbres de la seconde moitié du xxe siècle. Demi d'ouverture de l'U.S. Dax, il intègre le XV de France en 1954 où il brille pendant dix ans. À la fin de sa carrière de joueur, il troque son maillot pour le micro de commentateur sportif, à la radio et à la télévision, où il forme un duo passionné avec Roger Couderc.

Antoine Blondin (1922-1991)

Il n'est pas rare de trouver dans l'œuvre de l'écrivain et journaliste des lignes dédiées au rugby. Grand amateur de sport, Antoine Blondin rencontre et se lie d'amitié avec nombre de joueurs dont il raconte tantôt les exploits, tantôt les états d'âme. On retrouve les portraits de ces champions dans *Ma vie entre les lignes* et *Mes petits papiers*, tous deux publiés à La Table Ronde.

ANDRÉ BONIFACE (1934-)

Originaire de Montfort-en-Chalosse, André Boniface reste fidèle aux terres landaises et évolue au Stade Montois pendant vingt ans, aux postes de centre et d'ailier. Aux côtés de son frère Guy, il a rendu célèbre le *french flair* du rugby dans les années soixante. Les expressions « les frères Boniface » ou « les Boni » perdurent d'ailleurs, évocatrices de cet âge d'or du rugby tricolore.

HENRI GARCIA (1928-)

Journaliste sportif spécialiste du rugby, Henri Garcia rejoint en 1949 la rédaction de *L'Équipe* qu'il ne quitte que quarante-cinq ans plus tard, devenu rédacteur en chef puis directeur du quotidien. Il reçoit le Grand Prix de littérature sportive en 1986 et l'Association des écrivains sportifs lui décerne le Prix de la carrière en 2011.

DANIEL HERRERO (1948-)

Reconnaissable par son mythique bandeau rouge, Daniel Herrero est l'une des figures emblématiques du rugby français. Troisième ligne centre au R.C. Toulon jusqu'en 1971 puis au R.R.C. Nice jusqu'en 1976, il devient entraîneur du R.C.

Toulon en 1983. Il est l'auteur d'une douzaine de livres qui portent sur ses deux passions, le rugby et les voyages.

ADOLPHE JAURÉGUY (1898-1977)

Né à Ostabat au Pays basque, Adolphe Jauréguy est un joueur de troisième ligne puis trois-quarts aile. En équipe de France depuis 1920, il est capitaine lors de la première victoire tricolore face à l'Angleterre en 1927. Il devient ensuite vice-président délégué de la F.F.R. et sélectionneur de l'équipe de France.

PAUL KATZ (1933-)

Journaliste de la presse parisienne puis rédacteur en chef de *Midi Libre* jusque dans les années 1990, Paul Katz consacre son unique livre *Sacrées bourriques !* au rugby et à ses joueurs. Michel Crauste écrit en guise de préface : « Mon vieil ami Paul Katz, par sa sympathie, son enthousiasme et sa grande gueule, a su gagner la confiance des bourriques. »

DENIS LALANNE (1926-2019)

Le rugby est l'une des spécialités de Denis Lalanne qu'il décline en tant qu'écrivain et journaliste au *Figaro*, à *L'Équipe* avec son ami Antoine Blondin, et à *Midi Olympique* où il tient une chronique hebdomadaire. Il reçoit le prix de l'Académie française en 2019 pour son dernier ouvrage, *Dieu ramasse les copies*.

GEORGES PASTRE (1914-2014)

D'abord caricaturiste puis grand reporter à *Midi Olympique*, auteur de contes et essayiste, Georges Pastre obtient en 1971 le Grand Prix de littérature sportive pour son *Histoire générale du rugby* en cinq volumes.

DENIS TILLINAC (1947-2020)

Écrivain, éditeur et journaliste, Denis Tillinac est un passionné de rugby, membre de la Ligue nationale de rugby. Il consacre à l'ovalie un livre très personnel, *Rugby blues*, dans lequel souvenirs rugbystiques et littérature s'entremêlent. Il crée la collection « Les Classiques du rugby » à La Table Ronde en 2007, l'année de la première Coupe du monde en France.

Table des matières

Note de l'éditeur 7

Ces messieurs de la famille (ANTOINE BLONDIN) 11
Webb Side Story (DANIEL HERRERO) 23
Conduite de Grenoble (PAUL KATZ) 35
Papillons noirs (ADOLPHE JAURÉGUY) 43
Le vicaire du rugby (HENRI GARCIA) 49
Le samedi soir, la lune est ovale (DANIEL HERRERO) . . 73
Amédée caporal (HENRI GARCIA) 77
Les graines de tournesol (GEORGES PASTRE) 91
Faubourg Montmartre (DENIS LALANNE) 97
Le trésor de l'honorable D.J. MacMyn (HENRI GARCIA) 139
Le combat des combats (DANIEL HERRERO) 147
Une chance sur un million (HENRI GARCIA) 151
Supporter inconnu (PAUL KATZ) 177

Ils étaient trois maillots de sang… (GEORGES PASTRE) . 183

Une étoile brillait (ANDRÉ BONIFACE) 191

De l'action psychologique (PAUL KATZ) 203

Un certain Paparou (HENRI GARCIA) 211

Une tête vraiment dure (PAUL KATZ) 227

Guy, c'était Fanfan (ANTOINE BLONDIN) 233

Vivre sans lui (ANDRÉ BONIFACE) 243

Mai 68 à Mayol (DENIS TILLINAC) 257

Celui-là s'appelait un arbitre (PIERRE ALBALADEJO) . . . 265

Benoît, Laurent, Thomas et les autres… (ANDRÉ BONIFACE) 271

Jean-Pierre Rives : il est encore mieux qu'un capitaine, c'est un général ! (ANTOINE BLONDIN) 285

La nostalgie et l'espérance (ANDRÉ BONIFACE). 289

Biographie des auteurs. 307